I0057939

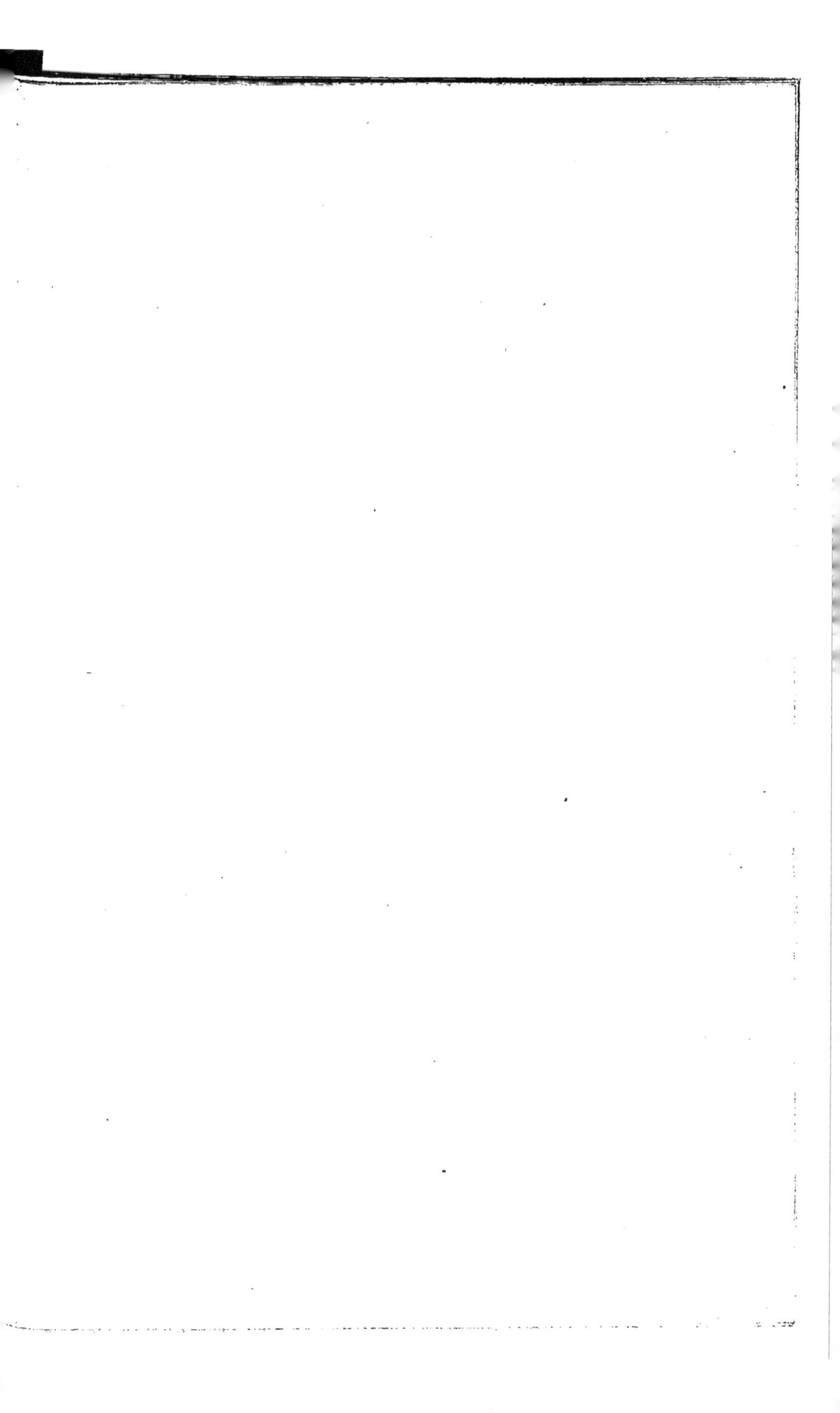

F - 45739

USAGES

DU

CANTON DE PONT-DE-VAUX

PAR

C.-J. GAUTHIER

CULTIVATEUR AUX PETITES-GRANGES.

MACON,

IMPRIMERIE D'ÉMILE PROTAT.

—

1864.

©

USAGES

DU

CANTON DE PONT-DE-VAUX.

STATISTIQUE ET TOPOGRAPHIE A VOL D'OISEAU.

Ce que c'est que de nous.

Au point de vue agricole, partant gastronomique, cherchez
et vous ne trouverez pas en France un canton plus favorisé
que celui de Pont-de-Vaux. Toutes les bonnes choses du bon
Dieu y abondent, et ces bonnes choses l'ont fait surnommer
le *Rognon de la Bresse*.

Sans doute, chaque pays possède son cachet d'ordre, son
attrait générique. Ainsi Dieu, sans raisons précises, sans
motifs entraînants, descendrait, dit-on, à Béziers; mais les
viveurs, chats et loups, d'instinct, de flair, descendront sur
nos rives,

Piquant droit, dans l'espace, au fumet du surnom.

La partie occidentale du canton, qui descend vers la Saône,
celle qui simule une haute futaie pour les touristes du bateau

à vapeur, est surtout remarquable par sa fertilité et son admirable culture. Sur ce turf, c'est de plus d'une tête que la Limagne et la Flandre sont distancées.

Les produits agricoles y sont si variés, si multipliés, que c'est une pérennité de moissons; la terre donne et produit toujours : quatre récoltes en deux ans ne lui impriment qu'une insignifiante langueur.

On y conduit la culture en deux mains, ce qui revient à dire que la rotation agricole est biennale, et que la jachère y est un mythe.

En céréales, menus grains, etc., le sol verse à pleines mains le froment, le seigle, l'orge, l'avoine, le sarrasin, le maïs ordinaire et d'Italie, le millet, les fèves, les haricots, les pois.

En graines oléagineuses, il donne en abondance les colzas, les navettes.

Convertie en huile, une partie de ces produits, destinés à éclairer les hommes avant l'invention du gaz, va, dans certains départements, faire l'office, quelque peu subreptice, des huiles d'œillette et d'olive.

Les chanvres atteignent trois, quatre, même cinq mètres de hauteur. Une partie s'applique aux besoins du pays; une autre, mélangée aux chanvres russes et italiens, concourt à la confection des cordages maritimes. Le surplus, en saison froide, sous le doigt des femmes, se transforme en gros fils, qui, de leur côté, font mouvoir une centaine de métiers dispersés dans la ville et la campagne.

En fourrages artificiels, le sol reçoit les trèfles noirs et rouges, les luzernes, les pesettes, la betterave et la rave, les collets verts, les pois mêlés à l'avoine, la pomme de terre et les courges.

En horticulture, un fait seul :

Le roi Louis-Philippe, de parcimonieuse mémoire, a payé 100 francs un chou-fleur offert par le jardinier Bonan.

Je passe les cultures de sorgho et de garance essayées, réussies même, les mûriers plantés en prévision d'une santé des vers à soie, hélas! fort délabrée.

D'immenses prairies sur la Saône, des prés nombreux, ouverts ou clos sur la Reyssouze, permettent l'élève du bétail sur une échelle relativement énorme.

Les hauteurs ont des vignes basses, les pentes des hautains; et si les vins rouges sont inférieurs à leurs confrères de face, par contre nos vins blancs secs, tirés sur *mate*, égalent, s'ils ne surpassent, les Chablis..... avec ou sans huîtres, comme il vous plaira.

Les beaux fruits abondent; les abeilles, après les fleurs de mai, butinent en septembre la blanche surface des blés noirs, et distillent un miel, inférieur sans doute aux miels de Narbonne ou de l'Hymette, mais supérieur aux produits similaires de Bretagne.

Le beurre, les œufs foisonnent, la volaille, et quelle volaille, dirait J. J., est à l'état de fourmillière.

Quant aux imbéciles qui ont eu la prétention d'améliorer notre race galline, je les voue en passant aux dieux infernaux, et pour toute réparation les condamne à manger du métis le restant de leurs jours.

Pattus et bisets, nos pigeons, respectés dans leur type, s'en vônt chaque semaine, en cages plates, immenses, à compartiments, tonifier le chyle appauvri des maris parisiens.

Depuis l'établissement des chemins de fer, ces quatre derniers produits, au grand dam des vieilles ménagères, ont heureusement pour tous, mais indécemment pour elles, presque doublé de prix.

Des bandes de bœufs, engraissés comme on engraisse en Bresse, s'en vont tous les huit jours, et pendant six mois, poser sur les marchés de Villefranche et de Lyon, à seule fin de démontrer aux Charollais têtus la supériorité du grain sur l'herbe, de la farine sur l'embouche.

Savez-vous ce que viennent chercher ces marchands dauphinois, provençaux, voire même piémontais, qui remontent ou descendent chez nous le 4 octobre de chaque année?

Notre blé en herbe, nos fruits avant leur maturité, c'est-à-dire nos poulains à la mamelle, nos laitons, nos doublons.

Si nous ne fournissons plus aux puissants de la terre ni destriers ni palefrois, c'est que depuis Quatre-vingt-treize les têtes couronnées ont contracté l'habitude de se laisser choir, que nous avons conquis Alger, et que le morcellement agricole empêche le paysan de pousser l'élève du cheval au delà de la première et de la deuxième année.

Je vous recommande cette dernière raison; j'aurais pu, il est vrai, négliger les premières, mais

La mode est aux motifs et m'a forcé la main.

Après les nobles bêtes, les bêtes immondes. La vérité statistique m'oblige à confesser que trois mille cochons, à la graisse affermie par le maïs, partent le treize décembre de chaque année, et s'en vont faire des saucissons de Lyon ou des conserves maritimes à Marseille et Toulon. Ces sybariteslà prennent aujourd'hui le chemin de fer !!! Après cela, niez, contestez le progrès !

Le pays, n'était le nombre un peu dense des chasseurs et braconniers, serait noir de gibiers emplumés ou poilus, sédentaires ou passagers.

Et le poisson !

Traversez la prairie sans y folâtrer, la Saône est là qui vous offre ses irréprochables carpeaux dorés, ses recommandables brochets et barbeaux, et, pour parangon, la perche, la perche, songez-y bien, dont le mâle, entre huit ou neuf cents grammes (si d'aventure il dépassait ce chiffre, je vous en prie, ne le rejettez point, ne le négligez pas), dont le mâle, dis-je, est l'empereur, le grand lama, l'omniarque des poissons d'eau douce, n'en déplaise à MM. les amateurs de truites, que je vénère d'ailleurs, mais auxquels je ne pardonnerai jamais d'avoir en ce point une autre opinion que la mienne.

La Seille, en nous jetant son écailleux contingent, y mêle, par surcroît, ses tanches cyclopéennes.

La Reyssouze, ambigu de ces deux rivières, tient en indécision les ichthyophages, en joie les tritons d'alentour, et, vu la placidité de son onde, les ombrages de ses rives, offre tout naturellement aux canotiers de Paris le siége futur de leur école d'application.

En 1863, à l'audience du . . . ., s'est prononcée, sur licitation, l'oraison funèbre du dernier de nos étangs ou à peu près.

Tel est le régime de nos eaux.

Quant aux forêts, j'appelle de tous mes vœux, sur les taillis indivis, la simplification de procédure appliquée aux étangs.

Je ne suis qu'un forestier incompris ; mais, avec tout le respect imaginable, je me permets de signaler ici cette imminente nécessité à l'Empereur.

Du reste, le pays est ombreux, parsemé d'arbres, coupé de fossés et de haies. Si j'étais un tantinet guerrier, au point de vue militaire, j'établirais ses rapports avec le Bocage de Vendée ; mais vous perdrez ce rapprochement. J'ai beau fouiller mes souvenirs de guerre, je ne me trouve pas même caporal dans la garde nationale, ce qui m'humilie et vous préserve de la tartine stratégique dont c'était ici le cas.

Restent les ponts et chaussées, l'archéologie, les beaux-arts. Le respectable corps des ingénieurs se morfond à l'endiguage de nos prairies. Le projet est à l'étude depuis les inondations de 1856. Sans doute, comme tous les projets, il va son bonhomme de chemin, mais, comme sœur Anne, j'observe ou plutôt je fais remarquer qu'on ne voit rien venir.

— Que vous êtes pressé ! me disait, il y a six ans, un voyer de ma connaissance ; ne savez-vous pas que, même restreint au canton, le problème n'est pas de solution facile ; qu'il se complique de l'entrée et de la sortie des eaux ; qu'à l'entrée se rattache la fertilité des prairies, à la sortie la qualité des fourrages ; que l'agriculture ne réclame que la hauteur des crues moyennes ou d'été, et que messieurs des ponts et chaussées se croient obligés d'honneur à maintenir en tout temps le fleuve dans son lit ; qu'il s'agit encore de savoir qui payera les frais d'ouverture et de curage des biefs d'assainissement, qui le coût même de la chaussée de garantie.....?

— S'il en est ainsi, je m'incline. Ce petit écheveau de difficultés, pour être débrouillé, exigera à peine un siècle ou deux, et je suis tout disposé à attendre ; même, pour tuer

le temps, j'irai rêver de célérité dans l'exécution sur nos chemins vicinaux, qui, depuis la loi de 1836, sont passés à
l'état de vraies petites routes impériales. — Voyer, ne vous
pavanez point, et laissez-moi finir, car ces grandes voies me
font l'effet d'être quelque peu négligées depuis l'établissement
des chemins de fer.

Navré de l'inertie des ponts et chaussées, las de circuler
sur les voies de petite et moyenne communication, à quelque
trois ou quatre ans de là je me trouvais en wagon avec
un de mes anciens condisciples, homme de lettres de profession, et de hasard archéologue avec mission.

— Avez-vous par là-bas, me dit-il, quelques tableaux de
maîtres, quelques monuments jeunes ou vieux?

— Quelques Brenet et Lagrenée, venant de la chartreuse
de Montmerle; en sculpture, deux anges priant ou pleurant,
même origine, façon ou plutôt contrefaçon Coustou, et c'est
tout. Quant aux monuments, ils pointent seulement à l'horizon; mais, au rebours de la ballade allemande, les vivants
vont vite aujourd'hui; repasse demain.

J'espérais d'ici là lui montrer à Saint-Benigne ce bijou
d'église, fouillé, ciselé, achevé.

J'espérais que la main bienfaisante à qui nous devons cette
œuvre s'ouvrirait encore. . . . .

Vienne aujourd'hui mon chroniqueur de pierres, je tiens
l'église à sa disposition, et, pour le reste, je pourrais déjà
lui souffler quelques mots. . . . . d'archéologie en perspective.

Je crois, puisqu'on le dit autour de moi, que les beaux-
arts se donnent la main, et je veux admettre un moment que
la musique de céans soit un anneau de leur chaîne fleurie.
Me voilà dès lors obligé de fournir, à son endroit, des im-
pressions et de genre et d'espèce.

De son essence, tout groupe est envahisseur ; les groupes seuls arrêtent les groupes ; devant eux les individus ou s'inclinent ou sont jetés par terre. Aussi est-ce un plaisir de voir avec quelle rectitude et quel ensemble la musique, qui n'a pas de contre-poids dans les petites localités, y prophétise les élections, enchifrène les maires, se suspend aux budgets.

Par la force même des choses, le groupe musical est un instrument à mener par l'oreille les municipalités inférieures.

A ce point de vue purement physiologique et dégagé de toute application, c'est le fond du sac et le revers de la médaille.

Quant aux Amphions du cru, vous plairait-il d'en juger par vous-mêmes ?

Je me sens tout à fait incapable d'une saine et placide critique. Ce tapage éternel, en cascade, en échelon, du marchand de charbon à la grande fanfare, me crispe l'entendement, tranchons le mot, m'hallucine à ce point que j'ai toujours une contre-basse en si bémol là où cet heureux M. de Pourceaugnac n'avait, lui, qu'une....... infinitésimalité.

Oui, je le confesse et tout haut et tout bas : c'est l'araignée de mon plafond, c'est le clyso fantastique de mes nuits.

J'attends une avalanche de réponses. — Eh bien, soit ! mais pas de sérénade, une sérénade m'exaspèrerait.

En résumé, le pays est essentiellement agricole, ce qui éloigne de lui les chômages, les mortes saisons, le salaire décroissant, la misère et la prostitution.

Les quelques petites industries qui y sont assises préparent les produits du sol, et, dernière et suprême faveur de la Providence, malgré les tentatives de quelques économistes borgnes, jamais fabrique spéculative n'a pu s'y implanter, ou implantée s'y maintenir.

L'agriculture, en effet, est là si puissante, si vivace, que sa proximité seule suffit à repousser ces ateliers néfastes où les couche-tout-nus, pressés comme des harengs en caque, voient encore leur misérable vie subordonnée à une guerre sur le Missouri, à un changement de modes sur l'Ohio.

C'est enfin de ce fortuné coin de terre qu'il nous faut décrire, constater, expliquer les usages. Puisse notre tentative être de quelque utilité !

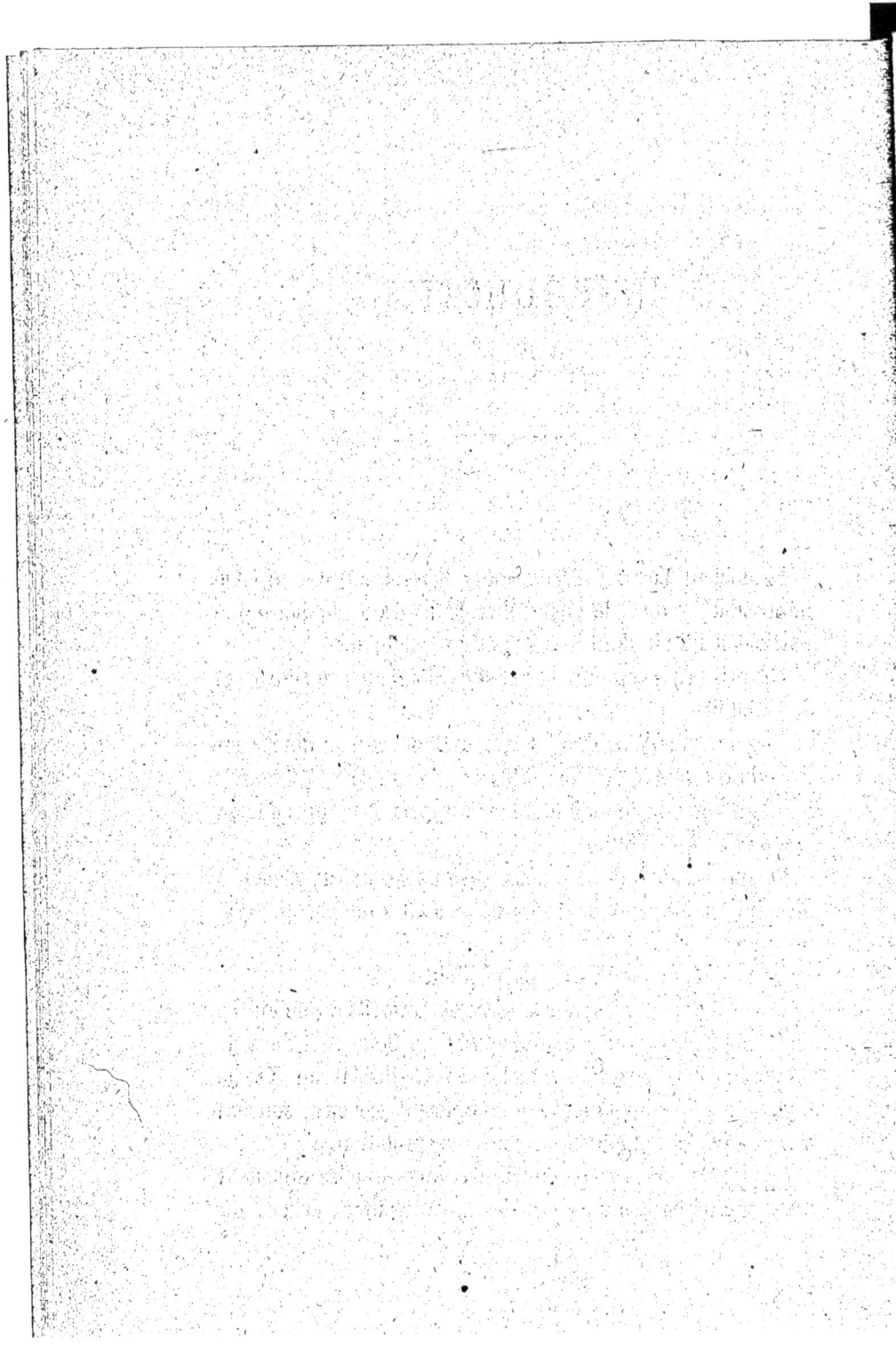

INTRODUCTION.

Le docteur Vasco y Pérez, dans *Fortunada*, une histoire impossible, refusa de payer plus de dix francs le mètre une partie d'érudition dont il avait besoin cependant.

Les prix (style commercial) se sont maintenus aux environs de ce chiffre.

Sergius, l'exégète, dans son commentaire sur Balde, un livre d'une solidité extrême, affirme, de son côté, que toutes les définitions du monde n'ont rien appris et n'apprendront jamais rien à personne.

Ce qui, traduit de ces deux savants hommes, revient à dire qu'érudition et définitions ne sont que pacotilles et broutilles.

Donc, nous vous dirons simplement :

Les usages peuvent avoir la force et l'autorité d'une loi. Le Code rural ou loi du 6 octobre 1791, le Code civil dans de nombreuses dispositions, la loi du 14 floréal an XI, le Code pénal, les invoquent, se complètent par eux, souvent même y puisent et cherchent leur interprétation.

Ces lois diverses renvoient toutes à ce qu'elles appellent assez indifféremment usages des propriétaires, usages du pays, usages simplement, usages constants et reconnus, usages constants seulement, usages particuliers, usages et règlements, choses d'usage, usages dans le pays et usages des lieux ; — variété d'expressions qui a fait surgir quelques interprétations jurisprudentielles que nous ferons connaître au besoin.

De ce recours aux usages locaux est né le besoin, aujourd'hui senti, de les constater, de les décrire. C'est le but principal de notre travail, que nous tâcherons de maintenir, autant que possible, dans le cercle tracé par la loi.

Seulement, pour plus de précision et de clarté, pour faciliter les recherches et applications, nous avons divisé les usages du canton en *ruraux* et *urbains*.

Cette division implique les mixtes ; ils ne seront point oubliés.

USAGES RURAUX.

Les usages ruraux sont ceux qui s'appliquent principalement, sinon essentiellement, à la campagne.

En prenant leur importance pour ordre d'examen, ils se
classent comme suit :

Baux à ferme et à grangeage ;
Domestiques de terre ou agricoles;
Gens de travail, faucheurs, moissonneurs,
etc. ;
Plantations, distances, clôtures, vaine pâ-
ture;
Bornages, collayages, passages;
Bans de fauchaison et autres, râtelage, gla-
nage, grappillage, enlèvement de terre, sables
et gazons.

Signalons de suite le travail, comme origine, cause et base
de la plupart des usages ruraux.

C'est dans ses formes et modes d'application, c'est dans
ses exigences, ses nécessités, ses aisances et opportunités
qu'il faut chercher leur raison d'être. Ici la théorie implique
la pratique : Qui n'a pas mis la main à l'œuvre ne peut que
difficilement connaître ces matières.

BAUX A FERME ET A GRANGEAGE.

Chez nous, l'exploitation du sol est faite d'abord directement par les propriétaires; et ils sont nombreux sur le rivage
ceux qui, suivant l'expression locale, font valoir de leurs
mains.

A défaut du propriétaire, elle est remise aux fermiers et
aux colons partiaires, connus dans le pays sous le nom de
grangers.

En remontant à un demi-siècle au plus, le nombre des
colons dépassait celui des fermiers; aujourd'hui les colons
ont à peu près disparu, et l'on signale dans nos campagnes
les *rari nantes* du grangeage.

Cependant le grand économiste Bastiat écrivait en 1846
d'éloquentes pages sur cette institution.

Pour en faire le mode supérieur d'exploitation, il ne fallait,
disait-il, *que lui faire franchir la barrière qui sépare le
système triennal et le système alterne.*

Hélas! il l'avait franchie, chez nous, cette barrière, et nous
vous dirons plus loin les causes de la maladie de langueur
dont il est atteint, peut-être même celles de son incontestable
décadence.

En attendant, et pour procéder avec méthode, constatons
d'abord :

Que le mode principal et indirect d'exploitation est chez
nous le fermage ou bail à ferme.

L'usage du canton fixe l'entrée et la sortie des fermiers au
11 novembre.

C'est l'époque où cesse le travail agricole proprement dit.
Les payements, d'après l'usage, doivent se faire moitié aux
fêtes de Pâques, moitié aux fêtes de Noël.

Ce sont des latitudes réservées à la préparation des grains,
à l'engrais des bestiaux, à leur écoulement.

Le premier payement n'a lieu qu'aux fêtes de Noël de
l'année qui suit celle de l'entrée en jouissance du fermier.

La raison de cet usage est qu'en thèse générale, le travail
ne fait pas, ne peut pas faire d'avances au capital, et qu'aux
premières fêtes de Pâques qui suivent son entrée, le fermier
n'a rien récolté, rien pu produire, pour faire la part du
propriétaire.

Le dernier payement, d'après l'usage, doit se faire au 11
novembre de la dernière année, avant l'enlèvement de tous
objets mobiliers; et ce payement est d'une année entière,
afin de compléter la lacune de l'entrée.

A cette époque, en effet, le travail est terminé, le fermier
a touché et récolté les fruits de toutes ses années d'exploitation, tous ceux, du moins, qui représentent la part du
propriétaire.

L'usage veut qu'un fermier sortant ne puisse faucher les
foins des prés clos du domaine par lui exploité, avant la
Saint-Claude ou 6 juin.

Le début du travail de fauchaison a été fixé à cette époque,
pour garantir le fermier entrant et du mauvais vouloir et de
la cupidité du fermier sortant.

Ce dernier a la faculté de faire pâturer les prés clos immé-
diatement après l'enlèvement des foins.

La raison de cet usage est que, payant le prix entier, il a
droit à la jouissance entière, laquelle ne se complète pour lui
que par ce droit de dépaissance.

2

Dans la localité, on divise les bois d'une ferme en *bois durs* et en *bois tendres* ou *blancs*.

Les premiers renferment les chênes, frênes, ormes, érables.

Les seconds comprennent les peupliers, trembles, saules et vernes.

Suivant l'usage, les premiers se tondent à six ans ; les seconds à quatre ans, même à trois ans sur le rivage.

Les taillis divis ou indivis se coupent à six ans. D'après nous, cet aménagement est déplorable ; en bonne gestion, il devrait être prolongé de deux ans ; le bois serait seulement alors dans les conditions de sa destination.

Déjà quelques propriétaires ont corrigé cette erreur distributive, et l'intérêt, ce fouet de l'intelligence, propagera la mesure ; c'est une affaire de temps pour les taillis divis.

Mais le temps fonctionne en sens inverse dans la question des taillis indivis, question urgente, pour laquelle nous n'avons pas craint de réclamer, en commençant, une haute intervention.

Le fouillis, en effet, devient inextricable ; il augmente tous les jours avec la ruine, la mauvaise tenue et le saccage de ces bois. La coutume de nos campagnes, fondée sur des calculs moins naïfs qu'on ne pense, et qui consiste à laisser en commun tous les bois taillis dépendant d'une succession, a élevé l'indivision à sa septième ou huitième puissance ; il n'y a plus de propriété, mais des possessions qui descendent à quatre ou cinq fagots, même à un seul.

Devant la recherche des ayants droit, vraie recherche de l'absolu ; devant les frais qui, gueule béante, menacent d'engloutir tréfonds et superficie, la licitation recule épouvantée ; et ce sont quelques-uns des motifs qui nous ont fait demander une simplification de procédure.

Aux points de vue divers :

De l'agriculture, soit d'une production plus grande, mieux entendue ;

De l'économie vraie, qui consiste à tirer le meilleur parti des choses ;

Du progrès, qu'on réalise si peu et dont on parle tant, un tout petit bout de loi ferait plus en six ans, par exemple, que six cents comices en 600 ans.

L'usage permet la coupe des bois depuis la fin de novembre jusqu'à la fin d'avril.

La vidange doit être faite au 20 mai.

L'usage exige qu'à chaque coupe de taillis, le fermier laisse quatre et cinq ou cinq et six baliveaux, suivant les deux mesures agraires de la localité, c'est-à-dire par six ares cinquante-neuf centiares ou par neuf ares soixante centiares.

Les baliveaux appartiennent au propriétaire.

Le fermier peut envoyer ses bêtes pâturer dans les bois taillis, mais il ne peut le faire que lorsqu'ils ont atteint quatre ans révolus.

C'est à cette époque seulement que l'usage les reconnaît défensables.

Ces diverses coutumes relatives aux bois, et sur lesquelles il y aurait peut-être lieu de faire porter une révision intelligente, s'expliquent à première vue ; on voit de suite qu'elles se fondent sur des opportunités, des nécessités de travail, sur des époques reconnues favorables, des raisons de conservation, etc.

Et en général, tous les usages indiqués jusque-là pour les baux à ferme sont admis, reconnus et incontestés dans tout le canton.

Abordons maintenant le côté ardu, épineux de la matière; en termes précis, *l'entrée* et *la sortie.*

. Comme toutes les transitions, c'est le point douloureux, c'est l'origine et la cause de très-nombreuses, souvent de très-graves difficultés. '

. Quelques observations et explications sont ici nécessaires.

Le protocole des baux à ferme est un regrattage de celui qui s'appliquait aux jachères; les parties essentielles, vitales, celles qui touchent à l'entrée, y sont horriblement négligées; on y stipule habituellement une durée de neuf ans; cette durée ne cadre plus avec le mode de travail actuel; avec le système alterne, il exigerait un multiple de deux au lieu d'un multiple de trois.

Plusieurs inconvénients naissent de là; notamment, le fermier ne rend pas, en sortant, la même sole ou main qu'il a reçue ensemencée; il en est de même des pailles : celles qu'il rend ne proviennent pas des mêmes terres que celles qu'il a reçues, chose, en agriculture, plus grave qu'il ne paraît, et qui ne permet qu'une application par équivalent de la grande règle en ces matières : l'entrée fait la sortie.

Dans le pays, le mot cheptel est pris et entendu de deux façons, *génériquement* et *spécialement.*

L'acception générique renferme toutes les avances mobilières faites à l'exploitation : fumiers, semences, foins, pailles, meubles, applis, instruments aratoires, bestiaux.

L'acception spéciale est celle de la loi, le cheptel de fer de l'article 1821 du Code Napoléon.

Les fumiers, semences, foins et pailles sont les accessoires forcés, essentiels du principal appelé ferme ou exploitation; ils préexistent au fermier.

Le onze novembre, en effet, les fumiers et semences sont

en terre, le foin est à l'abri, les pailles rangées dans les cours ; c'est ce qu'on peut appeler le réservoir du mouvement de l'exploitation ; c'est par là qu'elle fonctionne et produit. Ces accessoires ne peuvent être distraits sans arrêt ou perturbation.

Et ce sont les raisons qui, pour cette partie du cheptel, pris dans son acception générique, ont fondé dans l'usage, en faveur du maître ou de l'exploitation, une présomption de propriété, présomption simple du reste, et qui doit céder à la preuve contraire.

Les meubles, applis, instruments aratoires, bestiaux même, ne sont que des accessoires de moindre importance ; on les considère comme de simples ustensiles, des outils de travail variables et mutables à volonté, dont la distraction, facile à dissimuler, n'entraîne, en tous cas, rien de grave.

Et c'est pourquoi ils retombent dans le droit commun, pourquoi c'est à celui qui se dit propriétaire à justifier de son droit.

Dans le pays on dit : la paille représente le fumier, le fumier la paille ; et c'est la règle de décision et d'interprétation.

Quand une modification dans l'assolement s'est opérée d'une manière irrégulière, l'interversion qui s'en est suivie prend, dans la localité, le nom de surcharge ; elle entraîne, comme réparation, la perte de la récolte existant dans la terre surchargée.

Un préjudice évident a été causé. L'usage fixe, en système général, la quotité de la réparation ; il faut lui obéir, il est difficile d'apprécier mieux et plus juste. Seulement les semences doivent être restituées à titre de remboursement d'un capital avancé.

Ces jalons posés, il nous devient désormais facile de déterminer les droits et les obligations des fermiers entrants et sortants.

Le fermier sortant, d'après l'usage, doit laisser à son successeur une sole ou main ensemencée de la même quantité et qualité de grains que celle qu'il a reçue en entrant.

Si la sole rendue était la même que celle reçue, l'application de la règle *l'entrée fait la sortie* se ferait dans toute sa rigueur, le juste serait forcément maintenu, respecté; mais quand la durée du bail est formulée par un chiffre impair, force est, comme nous l'avons dit, de se contenter d'un équivalent, et comme, malheureusement en fait, les solés d'une exploitation ne sont presque jamais égales, l'avantage est tout entier pour le fermier qui reçoit en entrant la sole la plus forte; car alors, sans raison et par l'effet seul de la stipulation impaire, il fait un bénéfice et de travail et de semence.

Suivant l'usage, le fermier sortant conserve sur les récoltes ensemencées le droit afférent au travail, connu dans le pays sous le nom de *droit colonique*.

En entrant, il a reçu de son prédécesseur le droit afférent au capital, et c'est la jonction par extrême de ces deux droits qui complète ses années de jouissance.

Le droit colonique n'est autre chose que la part du travail; c'est par le travail qu'il s'acquiert, c'est au travail qu'il correspond.

Aussi le fermier sorti est-il tenu de moissonner, de charrier, d'engranger, de battre et de vanner les récoltes soumises à son droit.

Dans le cas où, par suite d'éloignement, de défaut de bras, de maladie, de décès, etc., il ne voudrait ou ne pourrait achever les travaux, l'usage a fixé au quart de la récolte, semences prélevées, la valeur du travail précédemment fait par lui, c'est-à-dire la préparation des terres, l'adduction des fumiers, leur épanchement, la semaille, le labour et le hersage.

Il va sans dire que les pailles restent à l'exploitation d'où les fumiers sont sortis.

La restitution du cheptel de fer forme une des obligations majeures du fermier sortant.

Les difficultés qui peuvent surgir en ce cas se meuvent dans l'orbite suivant :

Deux modes principaux de constitution pour cette espèce de cheptel se rencontrent dans les vieux baux.

L'un, tout à fait primitif, oblige simplement le fermier à rendre tête par tête, âge par âge, les animaux nomenclaturés.

Une désignation aussi imparfaite ouvrait le champ à la fraude; ses inconvénients ont été reconnus, et l'on ne rencontre plus que très-accidentellement cette stipulation, beaucoup plus naïve que nos paysans.

L'autre, constituant une garantie évidemment supérieure, renferme, avec une désignation semblable, une estimation dite et faite à prix de cheptel ou de foire.

Le prix de foire est le prix réel, le prix qu'on trouverait au marché en y conduisant la bête *de cujus;* par là cette valeur est fixée d'une manière précise.

Le prix de cheptel suppose une estimation faite à un quart au-dessous de la valeur réelle : c'est le fait-principe.

L'usage dit bien en ce cas que la restitution doit se faire avec le *quart en sus;* mais l'expression n'est pas nette, et, pour être saisie, la formule a besoin d'un exemple : ainsi un cheptel évalué 1,200 francs, prix de cheptel, entraîne une restitution de 1,600 francs.

En effet, l'estimation ne manifeste que les trois quarts de la valeur réelle, c'est un de ces quarts qui doit être ajouté pour la restitution ; or, ce quart est égal au tiers du prix indiqué par l'estimation.

Les cas d'application devenant de plus en plus rares, il suffit d'avoir élucidé cette manière d'opérer ; nous croyons inutile d'en donner l'historique et les raisons.

Les baux récents, rectifiant en ce point les anciens ou constituant à nouveau, renferment tous, avec une désignation spéciale, une estimation à prix réel ou de foire.

Dans le pays, on comprend sous le terme générique de *revêtissement* le récolement et l'estimation du cheptel de fer, à fin de restitution.

Cette opération se fait quelques jours avant la sortie, et si les fermiers ne se trouvent pas dans les vieilles occurences que nous venons de signaler, ils se doivent respectivement compte, à prix de foire, des différences de valeur.

Outre les réparations locatives ordinaires, l'usage met à la charge du fermier sortant les dégradations qui, dans les bâtiments en bois, atteignent les deux premières rangées de *clavignons* ou claies ; il doit les rendre en bon état, crépies avec de la terre glaise.

La raison de cette charge imposée au fermier est que ces sortes de dégradations sont censées provenir de son imprévoyance dans le travail intérieur de la ferme.

Il en est de même du nivellement des cours et sous-toits.

En ramassant chaque année les détritus et déjections accumulés sur ces emplacements, le fermier enlève une partie des terres ; l'abaissement du sol vient de lui, c'est à lui de le réparer.

Après les obligations, les droits.

Le fermier sortant peut, d'après l'usage, faire consommer en nourriture ou litière ce qu'on appelle les *primes pailles*, c'est-à-dire les pailles de colza, de navettes, d'orge, d'avoine, de maïs, de millet, de sarrasin, etc.; les pailles de seigle et de froment doivent seules être rendues intactes.

L'usage (j'en ai cependant vu contester l'existence) concède encore au fermier sortant le droit de prendre sur la *mate* ou tas de foin réservé ce qui est nécessaire aux bêtes employées à la semaille d'automne, pendant la durée du travail.

Et en effet, dans ce cas et à cette époque, les animaux doivent recevoir une nourriture plus substantielle, plus résistante que celle distribuée aux bêtes inactives; d'autre part, on ne peut réellement exiger que le fermier achète du foin ; les animaux mêmes dont il s'agit sont presque toujours attachés à l'exploitation.

Or, dans un but d'accélération du travail, d'hygiène, au besoin de conservation de la chose du maître, cet usage doit être maintenu, l'abus seul est à réprimer.

Impliquant pour le fermier sortant des droits et des obligations, les questions qui naissent de la distinction à faire entre fourrages artificiels et fourrages naturels doivent être ici brièvement examinées.

L'usage permet-il au fermier d'enlever, en sortant, les trèfles restant, verts ou secs?

Quid, des betteraves fourragères, des collets verts, des pommes de terre, raves et courges ?

Les regains subissent-ils la même loi ?

Pour hésiter dans la solution de ces diverses difficultés, il faut, suivant le dicton vulgaire, n'avoir jamais vu la queue d'une charrue ; car les trèfles sont des récoltes remplaçant d'autres récoltes; ils sont semés, travaillés. Pour donc que le fermier ne pût les enlever, il faudrait qu'il les eût reçus. Payant la location des terres, les fruits lui appartiennent.

Les betteraves fourragères, collets verts, pommes de terre, raves, courges, doivent être rangés dans la même catégorie, et la solution est celle des trèfles ; seulement, leur peu d'importance, leur absorption presque immédiate, coupent court à toute difficulté. Admettez toutefois la prétention, et la règle de décision vous étreint.

Quant aux betteraves sucrières, c'est une question d'ami, comme disait le vieux Montaigne ; nous pourrons sur ce chef, et plus loin, hasarder un avis.

Le fermier sortant peut faire manger les regains ou seconde herbe des prés, retenue et rentrée ; mais, lors de sa sortie, il ne peut enlever ce qui ne serait pas consommé.

Ici, c'est un fourrage naturel ; les foins, herbes et produits des prés sont essentiellement destinés à l'engrais de l'exploitation ; comme les pailles, ils ne peuvent être distraits. La distinction est suffisamment tranchée, l'usage y puise son *criterium.*

En dehors des obligations édictées par la loi, nous ne connaissons, dans ses rapports avec le fermier sortant, qu'une seule charge imposée par l'usage au fermier entrant : c'est, lors de la moisson des blés et récoltes frappées du droit colonique, de fournir les véhicules nécessaires à leurs transport et engrangeage.

Il doit au fermier sorti les charrois, deux bœufs, deux vaches ou un cheval par voiture, suivant les forces de l'exploitation, plus un homme par voiture et pour conduire.

Mais ce travail, voitures, hommes et bêtes, est payé par le fermier sortant, auquel, comme nous l'avons dit, incombent tous les frais de travail et de préparation.

Pour ce payement, l'usage n'a pas déterminé une base uniforme. Dans certaines communes du canton, on part des jougs attachés à la ferme; dans d'autres, de la quotité de semences ; dans d'autres encore, du produit de la récolte.

Au fonds, c'est une question de main-d'œuvre, et le juge a toujours sous la main les moyens d'appréciation.

Du reste, on retrouve encore ici les exigences, les nécessités du labeur; il est difficile en effet de se procurer des moyens de transport, au moment des moissons ; les domestiques, voitures et bêtes du fermier entrant sont inoccupés ; de là l'usage, de là ses motifs et raisons d'être.

A l'expiration du bail, on procède à une visite principale et immédiate.

Cette visite comprend d'abord les réparations locatives, mises à la charge du fermier sortant par l'usage et la loi; elle porte ensuite sur les fonds : jardins, vignes, prés, terres et bois; elle doit atteindre tous les vices et défauts de culture, les dégradations provenant du fait ou de la négligence du fermier, les surcharges et abus de jouissance.

Dans l'usage, on opère comme suit :

Les fermiers entrants et sortants conviennent d'un seul expert, plus souvent de deux; dans ce dernier cas, les deux experts fonctionnent séparément, rapprochent leur travail, conviennent d'un chiffre moyen, dressent une note ou espèce de rapport qu'ils signent et remettent à chacune des parties.

Où les fermiers ne peuvent s'entendre :

Alors c'est la loi et son attirail : nomination d'experts, prestation de serment, rapport, homologation, etc. Mais il arrive souvent que les experts ont d'abord fonctionné et qu'ils ne sont en désaccord que sur certains points.

Dans ce cas, le juge de paix règle le tout sur avertissement ou sur simple citation.

On procède de même à la seconde visite, autorisée par l'usage et appelée *visite des blés*. Elle a lieu à la fin de juin ou au commencement de juillet; elle porte sur les récoltes sujettes au droit colonique. Elle constate et évalue en argent les défauts de culture, les manques de semences et de pailles.

L'usage met les frais de visite, quels qu'ils soient, à la charge du fermier sortant.

Avant de toucher au second mode d'exploitation ou grangeage, examinons rapidement quelques difficultés tenant aux baux à ferme et qu'a dû nous révéler dans la localité une longue pratique et de la loi et des champs.

On a prétendu que l'usage ne permettait plus de visite quand un intervalle de quarante jours s'était écoulé depuis la sortie.

Cet usage n'existe pas; la visite peut être demandée, poursuivie, après ce terme; les exceptions et fins de non-recevoir ne peuvent résulter que de prise de possession ou de faits d'immixtion de la part du fermier entrant, tels que l'ancien état de choses ne puisse plus être constaté ou reconnu.

Il en est de même de l'usage prétendu qui, pour une exploitation tenue sans écrit, exigerait un congé.

D'après nous, cet usage frustratoire est le bâtard de quelque huissier. Deux raisons conduisent droit à cette filiation : l'intérêt du papa d'abord, ensuite l'inutilité de l'acte édictée par la loi et consacrée par la jurisprudence.

Certains fermiers prétendent avoir le droit d'*étroncher* ou *éhouper* les arbres à haute futaie, bois tendre ou dur, qui se rencontrent dans les buissons ou haies de leur exploitation.

Certains propriétaires prétendent avoir le droit, en cours

de bail, d'abattre sur les fonds affermés le bois nécessaire à leur chauffage, moyennant l'abandon de la *bronde* ou ramure au fermier.

Ces deux prétentions ne sont fondées sur aucun usage positif. Le fermier fera donc bien de se pourvoir d'une autorisation, s'il ne veut encourir des dommages ; et le maître, tout en stipulant son droit d'une manière précise, fera bien aussi de se renfermer strictement dans les termes de sa réserve.

L'usage d'autre part semble établi, qui, moyennant l'abandon de la bronde au fermier, autoriserait le maître à prendre sur les fonds affermés tous les arbres nécessaires aux réparations des bâtiments de l'exploitation.

A l'appui, on fournit des raisons plausibles de nécessité et d'économie.

Mais peut-on étendre cet usage au cas de construction nouvelle ?

Il nous semble qu'il faudrait alors une stipulation expresse ou au moins le consentement du fermier.

De même pour les voitures.

L'usage est à peu près généralement admis, qui met à la charge du fermier les voitures nécessaires au transport des matériaux pour réparation. En ce cas, remarquons-le, l'usage se limite de lui-même, et le fardeau peut être approximativement calculé ; mais au cas de construction nouvelle, la charge peut être exorbitante, et il n'est pas présumable qu'elle soit entrée dans les prévisions du preneur.

Il faudrait donc alors, c'est du moins notre avis, une stipulation expresse pour dispenser le maître de payer les transports exécutés par le fermier.

Quelques propriétaires soutiennent encore aujourd'hui que l'usage défend au fermier de vendre ou échanger aucune bête garnissant la ferme dans les six mois qui précèdent sa sortie.

C'est une simple assertion dont l'origine et la cause remontent à la constitution des anciens cheptels ; mais les armes fournies au propriétaire par l'article 2102 du Code Napoléon font que le besoin de cette prohibition ne se fait pas généralement sentir.

Du reste, si, en système général, cette mesure était jugée utile et conservatrice, qui empêcherait d'en faire une des conditions du contrat, de l'introduire, au besoin, dans les stipulations courantes du protocole des baux, où l'on rencontre tant de choses inutiles ?

Les défrichés de taillis, assez fréquents dans le canton, soulèvent presque toujours entre le maître et le fermier, la question de propriété des pailles en provenant.

La solution est facile cependant. L'espèce ne peut présenter que les alternatives suivantes :

Le défriché a produit sans fumier ni amendement, ou, ce qui arrive presque toujours, n'a pu être fécondé sans leur intervention ;

Les fumiers et amendements ont été tirés de l'exploitation ou payés par le propriétaire ;

Les fumiers et amendements ont été fournis et payés par le fermier.

Dans le cas où le défriché n'a été ni fumé ni amendé, la paille qui en est excrue revient à l'exploitation ; c'est de son essence même qu'elle est sortie.

Si les fumiers ont été puisés dans l'exploitation, ou si le maître a payé les amendements, il y a double titre : les pailles doivent rester au domaine ou au propriétaire, comme représentation de fumier ou de capital avancés.

Si les fumiers ou amendements ont été fournis et payés par le fermier, les mêmes principes font incontestablement la paille sienne, sauf la faculté laissée au maître, par l'article 1778 du Code Napoléon, de garder les pailles en les payant.

Par les mêmes règles et principes est régie la question de savoir si le fermier, qui de ses deniers a acheté des cendres ou du guano pour son exploitation, a droit aux pailles.

Il faut décider qu'il peut en vendre dans la proportion de l'avance faite par lui, puisque la paille représente le fumier.

Depuis 25 ou 30 ans, la feuille de maïs est devenue un objet de commerce assez considérable dans la localité. La vente de ce produit a fait naître à l'endroit des fermiers une question assez particulière.

Les propriétaires, ou plutôt les fermiers entrants et subrogés, sous prétexte qu'aucune paille ne doit être détournée de l'exploitation, ont réclamé le prix cumulé de toutes les ventes de feuilles faites en cours de bail par le fermier sortant, et des experts se sont trouvés pour formuler la prétention.

La feuille de maïs renferme deux valeurs : l'une intrinsèque, l'autre de préparation.

La première, il faut en convenir, appartient à l'exploitation; mais c'est une valeur insignifiante.

La seconde, provenant du triage et des soins donnés à la dessication, forme seule l'importance du produit.

Quoique approximative, la proportion de un à dix donne les rapports vrais de ces deux valeurs.

Aussi l'usage tend à s'établir, qui laisserait au fermier le produit entier de la vente, comme résultat de son industrie.

En tous cas, la réfusion devrait suivre la relativité indiquée.

Reste la question d'ami, celle des betteraves *sucrières*, les autres ne soulevant pas de difficultés.

Depuis quelques années, la proximité des fabriques de Tournus et de Crêches a introduit cette culture dans la localité.

Il s'agit de savoir si un fermier peut cultiver cette betterave comme objet spéculatif ou de vente extérieure.

Pour le fermier on dit :

En payant la location des terres, l'industrie qui les met en mouvement ne doit pas être gênée, entravée.

Cette culture est une culture de printemps, un *trémois*, comme on dit dans le pays, et les chanvres et maïs sont des cultures analogues et autorisées.

Pourquoi défendrait-on l'une et permettrait-on les autres ?

Le maître répond :

La location de mes terres est basée sur la culture connue et d'usage dans le pays; vous êtes tenu de suivre les anciens errements, c'était entendu lors de notre pacte, c'est une des garanties de mon capital.

Votre trémois, puisqu'il vous plaît de l'appeler ainsi, reste six et sept mois en terre; pour l'amener à bonne fin, vous y appliquez la plus grande partie des fumiers de la ferme. Même, si vous spéculez, et qui ne spécule pas aujourd'hui, vous aurez vendu dans les neuf ans deux fois, trois fois peut-être, les fumiers de l'exploitation entière, indirectement il est vrai, mais très-positivement.

En effet, avec deux hectares seulement de betteraves, vous ferez facilement quinze ou dix-huit cents francs; mais, dans cette somme que vous empocherez tout entière, il y aura six ou sept cents francs de fumier puisé chez moi et qui n'y reparaîtra plus.

Vos analogies avec le chanvre et le maïs me touchent peu; dans les plus fortes fermes, on cultive à peine vingt ou vingt-cinq ares de chanvre. Quant au maïs, l'usage l'a adopté depuis longtemps ; il produit des résidus, tandis que les *sucriers* ne vous permettent pas même de colliger la feuille des betteraves à eux destinées.

Par ces raisons et autres à suppléer, je ne vous permettrai pas de cultiver la *sucrière*.

Le fermier récalcitre, il recourt à l'avocat. L'organe de Thémis, s'il ne cultive pas la betterave, ce qui est possible à la rigueur, pourrait bien ne pas savoir de quel côté faire pencher le plateau.

Quant à nous, qui sommes assez bien placé pour apprécier la difficulté sous ses aspects divers, nous avouons franchement être de l'avis du propriétaire, avis hasardé peut-être, mais que nous avions promis.

Ce besoin d'accomplir nos promesses nous mène droit à l'examen du grangeage et des causes de la consomption qui le mine.

Le grangeage est le mode secondaire d'exploitation indirecte dans la localité.

Comme chacun sait, le colonage ou grangeage est un contrat innommé, ambigu, tenant du bail à ferme et de la société.

Chez nous, ce dernier élément domine, et les empreintes du bail à ferme sont à peine accusées. On peut donc y définir ce mode d'exploitation : une association du capital et du travail, ayant en principe l'égalité pour base.

C'est même de là qu'est venue sa seconde dénomination locale de *bail à moitié fruits*.

Aussi tous les usages particuliers au grangeage prennent-ils cette égalité pour règle et point de départ, tendent-ils à répartir par moitié, entre les facultés associées, les fruits et profits de la chose exploitée.

La dérogation même qui le rapproche du bail à ferme, et que nous signalerons, n'est au fond qu'un moyen d'arriver à cette égalité, de constituer au besoin l'équilibre des droits.

Quels qu'ils soient donc, suivant l'usage, tous les produits doivent se diviser en deux parts égales : l'une pour le propriétaire, l'autre pour le travailleur.

L'usage veut que ce dernier, comme complément de ses obligations, de sa mise de fonds industrielle, livre au domicile du maître sa part prête à être vendue ou consommée.

Suivant l'usage, le bétail est acheté en commun et le croît se partage.

Les semences sont fournies par moitié.

Le granger prélève sur les épines et branches à partager ce qui est nécessaire soit pour la confection ou réparation des clôtures, soit pour le perchage ou les échalas des vignes hautes et basses.

Les fumiers et fourrages puisés au dehors sont payés en égale proportion par le maître et le granger.

Suivant l'usage encore, et à défaut de stipulation expresse, le propriétaire acquitte seul la contribution foncière.

A première vue, le grangeage rentrerait par là dans le bail à ferme. Cette charge devrait être, en effet, répartie par moitié, de même que les fruits. C'est une infraction évidente aux principes qui régissent les sociétés. Nous verrons plus loin comment on y revient.

Expliquons d'abord ce que nous avons précédemment appelé une dérogation apparente seulement.

Dans la culture proprement dite, la part du travail est estimée par l'usage à la moitié des fruits ; mais les fourrages naturels et artificiels étant de perception et culture plus faciles, moins coûteuses, on ne peut guère évaluer au delà du quart le travail qui s'y applique ; et comme les produits fourragers de toutes natures restent au granger, la différence se compense, en faveur du maître, par ce qu'on appelle dans le pays *droit de cour.*

Le droit de cour est une somme d'argent que le granger paye annuellement au maître, comme le fermier son prix de ferme.

Ce droit représente le loyer des bâtiments et cours, celui d'un jardin dont le granger a la jouissance privée ; la moitié du lait des vaches qu'on lui abandonne ordinairement ; le droit d'élever, pour son compte personnel, volailles et cochons dans une proportion déterminée ; le quart environ des fourrages qui reviendrait au maître, après l'abandon de sa moitié pour la nourriture du bétail commun ; enfin la moitié environ de la contribution foncière, quand elle est acquittée en entier par le maître.

Comme on le voit, dans le système du bail à grangeage le droit de cour fonctionne comme moyen d'équilibrer les droits et prétentions du capital et du travail.

Quant aux congés, l'usage assimile complétement, chez nous, le grangeage au bail à ferme.

Telles sont les coutumes s'appliquant spécialement au grangeage ; mais généralement, on le comprend, ce mode d'exploitation est soumis, en tant du moins qu'ils lui sont adaptables, à tous les usages que nous avons décrits pour son congénère, le bail à ferme, les mêmes causes engendrant les mêmes effets.

Disons maintenant les raisons qui tendent à faire décliner le grangeage ; voyons pourquoi il s'en va, pourquoi il se meurt.

Le capital est cauteleux, a l'œil ouvert ; il veut tous ses

droits, quelquefois plus ; loin de se subordonner, il prétend
tenir le travail à sa merci.

Or, dans le grangeage le travail est maître de la position,
il déjoue ou peut déjouer toute surveillance, il fait la répartition et *la corrige au besoin*.

Ceci est, quoi qu'on en dise, de l'observation et non de
la calomnie. Le paysan, comme l'Hébreu, est un patriarcal ;
il ne touchera pas à ceux de sa tribu, de son village, mais
courra sus au forain : tout ce qu'il pourra lui enlever sera
de bonne prise.

Les 7/8ᵉˢ des cultivateurs naviguent dans ces eaux ; on est
sûr d'être *refait*.

C'est même cette certitude qui force le propriétaire, dès
qu'il entend la phrase officielle : *Notre maître, venez partager votre moitié*, à s'incliner devant l'esprit inculte de son
granger.

Ainsi donc, surveillance impossible d'une part ;

De l'autre, vol, grivelage au moins, certains.

Quoi qu'en aient dit le sieur Bastiat et tous les économistes
patentés, ce sont les deux roseaux mortels attachés aux flancs
de ce mode d'exploitation ; c'est cette impossibilité d'une part
et cette certitude de l'autre qui l'ont amené, réduit chez
nous, à l'état de pierre d'attente ou de pis-aller.

DOMESTIQUES DE TERRE OU AGRICOLES.

Le principal agent de la production est le domestique de
terre ou agricole, c'est le pivot de l'exploitation du sol, et
ceux qui n'ont pas approfondi les questions de travail ne se
doutent guère que c'est par une pression sur cet extrême de

série que se reconstituera un jour la grande propriété ter-
rienne.

Mais si, scientifiquement et dans les calculs d'avenir, il
est permis de lui attribuer cette importance, il faut convenir
que, pour le présent, la loi et les usages sont rudes pour
lui, comme sa vie et son labeur.

Suivant l'usage du canton, les domestiques de cette catégorie s'afferment pour une année; ils entrent et sortent au
11 novembre.

Le maître arrhe le domestique pour la Saint-Simon ou 28
octobre; et c'est à cette époque encore que les engagements
commencés se continuent, se modifient ou se brisent.

Si le domestique d'abord engagé reste chez le maître après
le 11 novembre, il y a tacite réconduction, et son engagement,
d'après l'usage, est censé se continuer aux mêmes prix et
conditions que le précédent. Dans ce cas, le maître est cru
sur son affirmation.

Suivant l'usage, les arrhes données par le maître comptent
dans le gage, mais chacune des parties, jusqu'au 11 novembre, est libre de se dédire, en les perdant ou doublant.

Le gage des domestiques de terre, outre la nourriture et
le logement, se compose habituellement d'une somme d'argent, de froment, de seigle, de menus grains, de toile, de
tabliers, de sabots; les domestiques femelles stipulent, en
outre, quelques articles de leur vêtement.

Une fois en cours d'exécution, l'engagement du domestique
de terre ne peut, sans causes légitimes, être brisé avant
l'expiration de l'année, sous peine de dommages-intérêts.

Les causes admises par l'usage comme légitimant la sortie
du domestique sont :

L'appel légal sous les drapeaux.

Dans ce cas, quelle que soit l'époque du départ, le maître est tenu de payer le gage du domestique au prorata du temps de service fait chez lui; par l'âge du domestique, il a pu supputer la chance.

La maladie.

Cette cause légitime de sortie ne donne droit au gage que suivant la répartition admise par l'usage, et que nous indiquons plus bas.

Les mauvais traitements, le refus de nourriture, sont encore des causes légitimes de sortie, mais le domestique est obligé d'en faire la preuve.

Le cas, du reste, ne se présente guère. Le maître, en effet, peut toujours mettre en avant les raisons d'usage et de l'usage: *inconduite*, *insubordination*; et dans cette occurrence, le domestique est trop heureux d'accepter son gage proportionnel au temps de service.

Quant au mariage, à l'enrôlement volontaire, à la mort d'un père qu'il doit remplacer, pour sauver de la misère sa mère et ses jeunes frères, ce ne sont pas là des causes légitimes; le domestique doit au maître des dommages-intérêts. *Usus durus, sed usus.*

Pour le maître, ordinairement cru sur son affirmation, les causes légitimes de renvoi sont: l'infidélité constatée, l'inconduite, l'insubordination.

Dans ces trois occurrences, l'usage permet au maître de remplacer par un autre le domestique renvoyé, et ce dernier est tenu de payer à celui qui prend sa place la différence éventuelle entre le gage convenu à nouveau et le gage primitivement stipulé. L'usage va même jusqu'à mettre à sa charge le surplus de dépense qu'aurait fait le maître, en payant un manouvrier à l'époque des grands et urgents travaux.

La rigueur de l'usage en ce cas s'explique par cette raison que la cause du renvoi provient tout entière du fait et de la volonté du domestique.

Le défaut de santé, une maladie qui dure plus de quinze jours, autorisent également le renvoi du domestique ; mais dans ces deux cas, il y a cause en dehors de lui, indépendante de sa volonté, et le maître est tenu de payer le gage, suivant l'époque du renvoi et dans la proportion déterminée par l'usage.

Pour obtenir cette proportion, l'opération consiste à distribuer le gage, un quart sur les quatre premiers mois, c'est-à-dire sur le temps couru du 11 novembre au 11 mars, les trois autres quarts sur les huit mois restants.

Les objets matériels, denrées ou vêtements, composant le gage du domestique, peuvent ne lui être livrés qu'alors qu'ils sont gagnés, c'est-à-dire au 11 novembre.

Si, par suite de raison légitime ou non, le domestique est sorti sur l'année, le maître, d'après l'usage, est libre de solder les objets ci-dessus ou en nature ou en argent ; dans ce dernier cas, il prend le prix du 11 novembre, jour de l'entrée.

Dans le canton, on ne donne pas de certificat au domestique de terre sortant.

En résumé, tous ces usages s'expliquent par les exigences, les nécessités du travail ; mais aujourd'hui le juge doit plutôt atténuer qu'aggraver leur roideur, car, qu'on le sache bien, c'est là qu'il faut chercher une des causes de la dépopulation des campagnes au profit des grands centres. Comme l'hirondelle, le domestique de terre, mâle ou femelle, va, dès qu'il le peut, chercher des climats plus doux, soit un servage moins dur, un salaire plus élevé.

FAUCHEURS, MOISSONNEURS, ETC.

Anneaux de la même chaîne, termes de la même série, les faucheurs, moissonneurs, batteurs, vendangeurs, journaliers et gens de travail agricole quelconques, comme le domestique de terre, sont de la graine d'accaparement foncier. Décrire ici le rôle qu'ils sont appelés à jouer dans cette opération future serait un hors-d'œuvre; il suffit, pour acquit, de l'avoir indiqué.

Dans le canton, presque tous ces gens sont mariés, domiciliés, établis; ils font valoir quelques parcelles de terre leur appartenant ou tenues en location; ils appliquent à cette culture le surplus du temps qu'ils ne peuvent louer aux autres.

Le contrat qui les lie se forme au jour le jour, à prix fait, ou, pour le prix courant, leur salaire, aux époques urgentes, suit les lois de l'offre et de la demande.

Suivant l'usage, leur journée commence et finit avec le jour; on leur concède trois heures pour repas.

Si l'état de l'atmosphère forme obstacle au travail, l'usage autorise celui qui les emploie à les renvoyer sur la journée, et ils subissent alors une réduction proportionnelle au temps. Cette réduction se traduit d'ordinaire par les fractions de quart, moitié, trois quarts de journée.

Dans le canton, l'usage avait fixé le salaire normal des gens de labeur, les grands travaux exceptés, à quinze centimes l'heure de travail effectif pour les hommes, à dix centimes pour les femmes. Aujourd'hui, pour causes diverses, comme une plus grande activité dans la production, la dépréciation monétaire, etc., le salaire se balance entre quinze et vingt centimes pour les hommes, entre dix et quinze centimes pour les femmes.

Si, par suite d'arrangement ou de convention, le maître s'est chargé de nourrir l'ouvrier, et qu'il s'agisse d'apprécier cette avance, l'usage, suivant le prix des denrées, fixe cette valeur entre cinquante et cinquante-cinq centimes pour les hommes, entre trente-cinq et quarante centimes pour les femmes.

L'usage permet au maître et à l'ouvrier de se quitter à volonté.

Vainement a-t-on prétendu qu'il existait des coutumes forçant les ouvriers à parachever les travaux commencés, à payer des dommages dans le cas d'abandon, etc. Ces usages n'existent pas, ou leur formule n'est pas précise. Maîtres et ouvriers, pour ces cas divers, retombent dans le droit commun, et ces prétendus usages, mis en avant par quelques-uns, ne présentent rien d'exceptionnel, rien même de complémentaire.

En somme, tous ces usages sont nés des exigences, des nécessités du travail. Dans l'espèce cependant, il faut le reconnaître, le travail n'est plus enserré dans le même collier de fer, et, quoique toujours subordonné, il a ses moments où il traite presque de puissance à puissance.

Aux points de vue de l'économie générale et de l'histoire locale, qu'on nous permette ici le rapprochement suivant :

Les réels, les vrais producteurs, propriétaires faisant valoir, fermiers, grangers, domestiques de terre, hommes et femmes de labeur agricole quelconques et pris en masse, ne coûtent rien, ne demandent rien à la commune, ne reçoivent d'en haut ni subvention ni commande, et permettent à l'autorité de sommeiller, voire-même de dormir.

Tout ce monde, labourant, fauchant, moissonnant, a toujours le travail et du travail devant lui ; il aspire à la propriété, et quoi de plus moralisant que cette aspiration ?

Comme la fourmi, il a prévu les éventualités ; sa vie est sauve, vie de peu, vie de frugalité, il est vrai, mais qui traverse les chômages et les mortes saisons sans mendier, sans chanter dans les rues, sans se prostituer au coin d'une borne, à seule fin de ne pas mourir de faim.

Il a senti, conséquemment compris, depuis longtemps, que la première victime des commotions et révolutions politiques était le peuple lui-même ; partant de là, il les subit et ne les fait pas.

Et quand la nature a voulu qu'un pays fût ainsi favorisé, quand ce pays, avec sa terre, avec son soleil, arrive à vivre, à se suffire, que dis-je, marche, prospère, vouloir de force et comme avec un coin, au milieu de ce travail agricole, ce travail du bon Dieu après tout, introduire l'industrie de la soie ou du coton, le canut de Lyon ou le carabot de Rouen, c'est, prenons une circonlocution, se placer, sur l'échelle de l'entendement, entre le pivotal gobe-mouches et l'incurable perclus.

PLANTATIONS, DISTANCES, CLOTURES, VAINE PATURE.

Nous avons dit en commençant : Le pays est ombreux, parsemé d'arbres, coupé de fossés et de haies. Cette configuration du sol a été l'origine et la cause, depuis l'émission du Code civil jusqu'à nos jours, de difficultés sans nombre, d'incessantes contestations.

La faiblesse, la connivence même des anciens juges de paix, ont contribué à perpétuer, à enraciner le mal; il était temps qu'une main ferme vînt en tarir la source.

Qu'on le sache donc bien :

Il est faux que, dans le canton de Pont-de-Vaux, on ne fasse aucune distinction entre les arbres à haute et basse tige;

Il est faux que, par suite d'usage constant et reconnu, on puisse planter et élever des arbres de toutes natures dans les haies servant de clôtures aux héritages, à la distance d'un demi-mètre seulement de la ligne séparative;

Il est faux que l'usage n'exige deux mètres que pour les noyers et peupliers;

Et il est déplorable, pour ne rien dire de plus, que, par suite de parti pris, d'amour-propre froissé, on ait pu consigner de pareilles inexactitudes dans une enquête destinée à éclairer l'autorité supérieure.

Le vrai, auquel on s'est plu à rendre un aussi imparfait hommage, le voici :

Une jurisprudence précise, sans oscillation aucune, depuis plus de quarante ans, a établi qu'il n'existait chez nous aucun usage constant et reconnu;

Que, conséquemment, il n'était permis de planter les arbres à haute tige qu'à la distance de deux mètres de la ligne séparative des héritages, et les autres arbres et haies vives qu'à la distance d'un demi-mètre.

Et cette jurisprudence ne nous fait pas grief.

En effet, nous étions pays de droit écrit, par conséquent sans coutume, sans règlements promulgués; en dehors de ce fait juridique et d'histoire, jamais personne n'a produit un titre, un document quelconque affirmant, que dis-je, indiquant, supposant même un usage, une règle, s'appliquant d'une façon ou d'une autre, uniformément ou graduellement, aux plantations opérées dans la localité.

Où donc dès lors a-t-on puisé cet usage constant et reconnu de planter, d'élever dans les haies, divisant les héritages, chênes, frênes, ormes, érables, trembles, saules, vernes, etc., à un demi-mètre de la ligne séparative ?

Où donc a-t-on trouvé une exception pour les noyers et peupliers, qui les ferait rentrer dans la loi ?

Comment enfin et pourquoi prétend-on qu'on ne fait dans le canton aucune distinction entre les arbres à haute et basse tige ?

On argumente, il est vrai, de certains faits ; mais ces faits sont mal appréciés, mal digérés.

L'existence d'arbres nombreux et anciens, placés dans des conditions de distances diverses, s'explique, non par des usages que personne ne connaît, que chacun définit à sa manière, qui frappent certaines essences, en épargnent d'autres, mais par les destinations de père de famille, les prescriptions, les tolérances, les réciprocités, la négligence et la connivence des fermiers et grangers, l'ignorance et l'incurie des propriétaires.

Et nous affirmons tout cela avec une certitude et une conviction d'autant plus entières que nous avons, pour ainsi dire, vu fabriquer, procréer tous ces prétendus usages, que nous avons toujours et hautement averti les auteurs et distributeurs de la faiblesse organique de semblables conceptions et des risques de leur vulgarisation.

Il existe cependant certaines coutumes locales relatives aux haies vives et sèches. Ainsi, quand une haie vive est commune entre deux propriétaires voisins, au lieu d'être faite et entretenue de chaque côté, elle se divise, suivant l'usage, perpendiculairement à sa longueur, et par moitié ; chacun des deux voisins fait la partie qui lui échoit, comme si elle lui appartenait en propre.

Les commodités, les exigences du travail, expliquent cet usage.

Le propriétaire d'une haie vive ou sèche fait le nœud du lien de son côté.

Cet usage est une présomption de propriété et une preuve de possession.

Quand il y a des bornes, la haie sèche suit leur fil ; mais, d'après l'usage, les *paus* ou pieux rétenteurs sont plantés du côté du propriétaire faisant la haie.

Ces pieux sont habituellement en saule, non écorcés ; c'est un moyen d'anticipation que nous signalons plus bas.

Dans la localité, les haies sèches se font ordinairement avec des ramures de bois tendre ou blanc, reliées par des traverses de saule ; d'autres fois, avec des épines plantées debout, reliées par le même moyen ; d'autres fois encore, avec des épines ou ronces entrelacées dans des pieux très-rapprochés.

Les fossés, moyen de clôture très-usité dans le pays, doivent, d'après l'usage, avoir une investiture égale à leur profondeur, ou un talus se développant sur un semblable espace. Les rigoles, celles d'irrigation même, quoi qu'on en ait dit, sont assujetties à l'investiture ou talus.

Dans les fossés, sous les haies sèches et vertes, se cachent certaines roueries agrestes que nous devons signaler.

Le paysan, propriétaire faisant valoir, est un voisin dont l'œil est incessamment ouvert, qui jour et nuit s'occupe de sauvegarder sa propriété, au besoin de l'agrandir. C'est véritablement pour lui qu'a été créé l'adage : *vigilantibus jura succurrunt;* il en a compris toute la portée en pratique; en théorie même, plus qu'on ne pense.

S'il joint un propriétaire faisant valoir comme lui, les deux propriétés sont bien gardées, c'est un corsaire qui en rencontre un autre, c'est à bon chat bon rat; mais si le voisin est un forain, un fermier, un granger, qu'il n'y ait pas de bornes, sans prétention aucune il pose une clôture morte et à peu près sur la ligne séparative présumée. Ses pieux ou boutures de saule reprennent tous, le buisson mort peu à peu se garnit de plants vifs, douze ou quinze ans après vous rencontrez des arbres bien vivants et une haie luxuriante; vous bornez alors, et vous avez perdu, quelquefois plus, mais toujours au moins, un demi-mètre sur toute la longueur.

Si le même rencontre une vieille haie vive, emplantée de vieux arbres appartenant à une vieille propriété, que ces arbres et cette haie le gênent, sous prétexte de relever les terres il atteint le fond du fossé qui lui appartient et qui longe de son côté la haie et les arbres qu'il veut attaquer; dans l'année le fossé a recouvré son antique profondeur, ce qui l'a doublée. Le fossé se creuse ensuite tout doucettement et toujours, et j'ai vu de ces fossés morts, c'est-à-dire sans ou presque sans eau, atteindre des profondeurs de cinq et six pieds. Les coups de pelle et de hâche aidant, les arbres et la haie se déchaussent, s'étiolent, meurent; il est rare de les voir résister.

Si c'est lui qui possède un buisson vif contre votre propriété, deux ou trois fois par an, sous prétexte de l'entretenir, il le charge de terre de son côté, alors le buisson *marche*. Nous en avons vu un qui, dans l'espace de dix ans, avait progressé de deux mètres et demi; l'homme au buisson n'avait oublié qu'un titre fait avec son prédécesseur.

Ces haies voyageuses nous remettent en mémoire la réponse d'un propriétaire de campagne, propulseur en renom, à qui nous demandions pourquoi, dans le canton, on trouvait tant de clôtures vives en épines noires ou pelossiers, en coudriers, églantiers, ronces, sanguignons, bonnets de prêtre ou fusin, vernes sur souches, etc., et si peu en aubépine pure. C'est, nous dit-il, pour une raison bien simple : on fait ce qu'on veut des arbustes que vous venez d'énumérer, tandis que l'aubépine, voyez-vous, ne reprend pas toujours, met du temps à venir, coûte d'entretien, enfin... *ça ne marche pas.*

Et c'est à cette qualité dernière qu'il faut faire remonter l'usage ou plutôt le truc suivant de nos experts : dans les cas douteux, ces assermentés, en tous cas, recherchent les mères souches d'aubépine et partent de là, si elles sont plus vieilles que les autres plants.

Des clôtures à la vaine pâture, il n'y a qu'un pas ; c'est toujours par des fossés qu'on débute, quand on veut soustraire au parcours une partie de pré, dans nos prairies non closes.

Dans ce cas, les fossés doivent avoir les dimensions édictées par la loi du 6 octobre 1791, c'est-à-dire quatre pieds d'ouverture et deux pieds de profondeur.

Est apocryphe l'usage prétendu qui exigerait cinq pieds d'ouverture et deux et demi de profondeur.

Quant à la vaine pâture ou parcours, cette question brûlante qui, politiquement, dévora le sire de Champvans, avouons, puisqu'il fut notre député, que ce ne fut point cette brillante spécialité qui lui valut nos suffrages ; car, dans le canton, cette servitude n'existe plus de commune à commune, depuis la disparition des jachères et l'apparition de la susdite loi de 1791.

Le parcours conservé, variété rabougrie de l'antique servitude, s'exerce par les habitants d'une même commune et frappe seulement sur les prairies non closes de leur territoire, après l'enlèvement de la première herbe.

Pour ce parcours amoindri, mitigé dans d'aussi fortes proportions, il ne se fait ni rôles ni règlements limitant le nombre de têtes que chaque habitant peut envoyer aux champs. Cette négligence est, d'après nous, quelque peu calculée, dans le but de jouir privativement et sans tracasserie de la seconde herbe des prés, appartenant aux forains. Nous croyons même que dans l'espèce, pour sauvegarder et les formes et le droit, les forains, parties essentielles au contrat tacite autorisant le parcours, n'étant pas régulièrement représentés, devraient être appelés toutes les fois que, par décision municipale, il s'agit d'élargir, même de réglementer l'usage.

BORNAGES, COLLAYAGES, PASSAGES.

Divisé, morcelé, cisaillé par les ventes en détail et la loi sur les successions, le sol du canton est, pour ainsi dire, hérissé de pierres. Apparentes ou cachées, ces pierres sont pour un légiste-médecin les symptômes consécutifs du bornage, maladie contractée en naissant par la petite propriété, et qui se complique d'un transport permanent d'experts et de descentes intermittentes du juge.

Voici la monographie des usages locaux qui se rattachent de près ou de loin à la délimitation des héritages.

Les pierres qu'on emploie dans les bornages sont taillées ou brutes; les premières, par leur forme, par les initiales qu'on y grave quelquefois, justifient suffisamment de leur nature et de leur destination : elles se placent de manière à présenter leur plus large face aux fonds délimités.

Les secondes sont pourvues de garants. Les garants ou témoins sont les deux morceaux d'une moindre pierre cassée, dont le réassouchement reconstruit la pierre primitive. Ils indiquent la destination de la pierre, c'est-à-dire son caractère de borne ; ils se placent des deux côtés, parallèlement à la ligne qu'elle a pour but d'indiquer.

Si l'on donne à la borne une double destination, on place sur trois faces trois garants formés de la même pierre cassée.

D'après l'usage, les bornes sont plantées de manière à faire passer la ligne séparative par le milieu de leur épaisseur.

On les enfonce communément de quarante à cinquante centimètres, et on les laisse saillir de quinze à vingt, à moins que les passages, les chocs de charrues, les cours d'eau, ne nécessitent leur complète inhumation.

Toute ligne de borne à autre est censée droite, et nous signalons ici, comme perturbatrice de l'ordre et de l'usage établis, cette manière d'opérer de certains experts qui, si une ligne droite se prolonge quelque peu, placent une borne entre les deux bornes extrêmes ; l'usage étant que toute borne, dans ces conditions, indique un angle saillant ou rentrant.

Nous n'aurions à parler ici ni de titres ni de possessions, choses hors de nos sujet et objet, si, dans la pratique, certains experts ne cherchaient à superposer le cadastre. Ces limiers de plat pays se croient de petits Colombs quand ils rencontrent des différences avec les contenances cadastrales ; il faudrait, dans ce cas, et d'après eux, remanier toute la propriété.

4

Ce sont des prétentions de métier ; les bornages s'assoient sur les titres d'abord, sur les possessions ensuite, et le cadastre, qui chez nous, en moyenne, remonte à cinquante ans, en lutte avec les écrits et les faits, est une présomption si minime, qu'à peine y doit-on prêter une légère attention.

Les propriétaires limitrophes s'entendent d'habitude pour procéder au bornage ; dans ce cas, on nomme un ou deux experts, on les accompagne sur les lieux, on plante des bornes presque toujours sans écrit, le temps reste chargé de les consacrer.

C'est cet ensemble d'opérations que nous avons appelé le *transport permanent*.

Si les têtes se montent, si l'on ne s'entend plus, on retombe dans le droit commun, et partant dans les *descentes intermittentes du juge*.

Dans les prairies non closes, les divisions de prés, acceptées par les joignants, sont souvent constatées par des *capots* ou creux dans lesquels on jette quelques menues pierres, on enfonce un piquet à ras. Ce sont des bornages imparfaits, mais qui néanmoins constatent parfaitement les possessions.

Au lieu d'employer des bornes ou des creux, on détermine à la fourche les divisions de prés soumis au *collayage*.

Le collayage est un usage du pays qui s'établit par titre, et qui cependant rentre dans le droit commun, à la volonté de l'une quelconque des parties.

Des prés, ou des fractions du même pré collayent quand les propriétaires jouissent alternativement d'un pré et d'un autre, ou des parties d'un même pré, quart, tiers, moitié, à prendre au milieu, au nord ou au midi, en matin ou en soir.

Cette modification de la propriété et de la jouissance se rencontre principalement dans les partages; elle a pour but de les faciliter. Elle cesse devant toute action en partage, introduite même avant que chacun des collayants ait joui de la totalité des prés ou des fractions de pré soumis au collayage.

La raison est que c'est une espèce de forfait, une chance, une éventualité, acceptées par les parties et excluant dès lors toute répétition.

On rencontre aussi dans les vieux partages des attributions d'*endant*; comme le collayage, elles ont ou avaient pour but de faciliter l'arrangement, d'éviter des soultes.

L'endant est l'espace que dénude un faucheur en une seule fois, dans la longueur ou la largeur d'un pré.

Quand un titre attribue un endant à prendre dans un pré, de tel ou tel côté, c'est, suivant l'usage, une largeur de deux mètres.

On a bien parlé d'un endant ayant deux mètres et demi; mais nous déclarons, pour notre part, ne l'avoir jamais rencontré, ni en fait ni en titre.

Enfin, pour arriver à reconnaître, dans un chemin ou passage commun, dont la largeur est fixée par titre, celui des joignants qui sortirait des limites, l'usage est de placer une ou deux bornes sur l'axe.

Si, dans un titre, on attribue sans plus un passage à *talon*, c'est une largeur de trois pieds qui doit être fournie, d'après l'usage; si c'est un passage avec chars et voitures, l'usage concède treize pieds et demi.

Si des terres ou des parcelles de terre ont le droit de se desservir sur d'autres terres pour leur exploitation, l'usage exige que les fonds placés dans ces conditions réciproques soient soumis à la même rotation agricole.

Cet usage tend à éviter des abus de droit et à ménager les récoltes. Il a double raison d'être.

BANS DE FAUCHAISONS ET AUTRES.

Râtelage, glanage, grappillage, enlèvement de terre, sables, gazons.

Quand vient le temps des fauchaisons et des vendanges, l'usage, limité du reste aux prairies et vignes non closes, autorise les gens à ce connaissant, propriétaires faisant valoir et principaux fermiers, à se transporter à la commune et à discuter la question d'opportunité. De leur avis et conseil, le maire fixe par un ban les époques d'ouverture et d'entrée.

La veille du jour fixé par le ban, il est d'usage dans nos prairies de *déborner* les prés.

Déborner, c'est reconnaître, constater la position des bornes, les limites des possessions et jouissances.

Cette opération se fait au moyen de *gués* ou traînées faites d'abord avec les pieds dans l'herbe, de borne à borne, de creux à creux, d'indice à indice.

Tels sont les usages s'appliquant à la fauchaison des prairies non closes; mais ces usages sont insuffisants, ils devraient être complétés.

Ainsi les maires des communes possédant des prairies limitrophes, après avoir pris l'avis d'usage, devraient se réunir au canton et s'entendre entre eux pour échelonner les époques d'ouverture; tout le monde, propriétaires, fermiers, travailleurs, y trouverait son compte.

De même encore, on trouve dans certaines communes des prairies hautes et basses ; elles diffèrent souvent de huit et dix jours en maturation. Au lieu de faire battre la hauteur par la baisse ou la baisse par la hauteur, on ferait mieux de chercher les moyens conciliateurs des deux intérêts ; ce qui, du reste, ne serait pas difficile à trouver ; tous y gagneraient, même les bêtes.

On râtelle, glane et grappille dans la localité ; mais l'usage est circonscrit dans les limites fixées par l'article 21, titre II, section VII, de la loi du 6 octobre 1791, c'est-à-dire interdit dans tout enclos rural.

Pour la bâtisse, les allées de jardin, les caves, le rouissage des chanvres, les confections ou réparations de sol, dans les cours, les granges et les aires, il est d'usage de prendre sur certaines possessions communales des sables, terres et gazons ; mais cet usage devrait être réglementé, car il met et laisse les lieux sur lesquels il s'exerce dans un état quelquefois dangereux, toujours déplorable.

USAGES URBAINS.

Les usages urbains sont ceux qui s'appliquent principalement, sinon essentiellement à la ville.

Ils comprennent : les baux à loyer, les domestiques de corps, les clôtures mentionnées en l'article 663 du Code Napoléon, les constructions et ouvrages indiqués à l'article 674 du même Code, enfin les rapports d'ouvriers à patrons.

C'est dans cet ordre que nous allons les passer en revue.

BAUX A LOYER.

L'usage fixe bien à une année la durée des baux à loyer faits sans écrit ; mais à l'expiration de l'an, le locataire ne peut sortir, s'il n'a donné ou reçu congé.

Dans ce cas, la tacite réconduction s'opère dans les termes de l'usage et aux conditions primitivement acceptées.

On entre et on sort, d'après l'usage, au onze novembre de chaque année. Cette coïncidence d'époque avec les baux à ferme et à grangeage s'explique par l'ancienne dominance, dans la ville même, de l'élément agricole.

Les magasins et boutiques, le rez-de-chaussée en un mot, donne ou reçoit congé avant le onze mai ; avant le onze août suffit pour tous autres appartements.

Les payements doivent se faire moitié au onze mai, moitié au onze novembre, et, dans le cas de sortie, avant l'enlèvement des meubles.

Dans les locations écrites ou non, par application des articles 1135, 1159 et 1160 du Code Napoléon, sont impliqués comme résultant de l'usage :

Le droit au puits et au four, quand il en existe dans la maison ;

Le droit à des fosses d'aisances : le propriétaire est tenu d'en construire, quand il n'en existe pas ;

Le droit de déposer du bois dans les cours de la maison, mais momentanément, pour le sciage, et, dans ce cas, il faut encore que les cours soient communes ou que le locataire au moins ait le droit d'y passer ;

Le droit pour le locataire du rez-de-chaussée de placer les jours de foire et de marché un banc devant chez lui, pour son commerce ou son industrie ;

Le droit enfin et au besoin de louer cette place à un étranger, de faire son profit du prix de cette location, à la charge par lui, locataire du rez-de-chaussée, de se conformer à toutes les prescriptions de l'autorité pour le balayage et le nettoyage des rues.

Ces usages sont consacrés par le temps, par des actes nombreux ; ils se basent sur des raisons de nécessité, de salubrité, de viabilité, de compensation ; ils sont admis par tous, sans dénégation ni conteste.

Il n'en est pas de même de prétendus usages qui mettraient l'impôt des portes et fenêtres à la charge du propriétaire ;

Qui donneraient aux locataires le produit de la vente des fosses d'aisances, comme compensation de l'impôt ci-dessus ;

Qui les autoriseraient à exiger plus de deux clefs pour la porte d'entrée, à laver dans les pièces d'eau appartenant au propriétaire, à étendre du linge dans son jardin, etc.

Ces assertions de quelques locataires sont régulièrement suivies d'autant de dénégations de la part des propriétaires, et régulièrement encore le locataire en est pour ses frais et prétentions.

Donc, qu'il y ait écrits ou non, ne regardez comme acquis que les droits résultant des usages incontestés par nous décrits en tête ; quant aux autres droits, si vous voulez les avoir, il n'est qu'un moyen sûr, c'est de les stipuler.

La visite de sortie, et c'est un usage constant dans le pays, ne porte pas sur les dégradations existant dans les choses communes, cours, passoirs, corridors, escaliers, buanderies, fosses d'aisances, etc. Cette charge retombe sur la propriété ; la raison est l'impossibilité de répartition entre les divers locataires d'une maison.

Enfin, tous les usages que nous venons de décrire s'appliquent, autant que possible, aux baux à loyer des maisons sises à la campagne, mais avec une distinction préjudicielle et une variante passée en coutume.

Il faut s'assurer d'abord que la maison louée forme le principal, et que les jardins, parcelles de pré ou de terre y jointes ne sont relativement que des accessoires.

S'il en était autrement, le bail à loyer ferait place aux règles et usages particuliers aux baux à ferme.

La variante porte sur le mode de payement. Au lieu de se faire par moitié, aux époques que nous avons indiquées, il se fait, dans l'espèce, en une seule fois, et pour le onze novembre de chaque année.

DOMESTIQUES DE CORPS.

Dans la ville et le canton de Pont-de-Vaux, l'usage est d'affermer les domestiques de cette catégorie pour une année.

Le contrat s'engage par des arrhes que donne le maître, et qui, dans le cas de réalisation, comptent dans le gage.

Jusqu'à la réalisation, soit l'entrée du domestique, les deux parties peuvent se dédire en perdant ou doublant les arrhes.

Régulièrement, les domestiques de corps entrent et sortent au onze novembre, et presque toujours le gage se compose d'une somme d'argent, outre la nourriture et le logement.

Le maître donne un certificat au domestique sortant.

Les motifs graves exceptés, comme le contrat peut cesser par la volonté de l'une ou de l'autre des parties, on doit réciproquement se prévenir huit jours d'avance, tel est l'usage; il se fonde sur des raisons d'équité, de bienséance et d'humanité; sa sanction est entre les mains du juge.

CLOTURES DANS LA VILLE.

(Art. 663 du Code Napoléon.)

En ce qui touche la hauteur des murs séparatifs des maisons, cours et jardins, s'il existait jadis dans la ville de Pont-de-Vaux et ses faubourgs des usages non conformes à la loi écrite, il faut convenir qu'ils sont complétement tombés dans l'oubli, qu'ils n'ont même laissé aucune trace, car depuis longtemps et partout on applique les vingt-six décimètres exigés par l'article 663 du Code Napoléon.

On a voulu dire qu'il était d'usage dans la localité de se dispenser de contribuer à la clôture, par l'abandon de la moitié du terrain sur lequel on veut l'asseoir; mais cet usage est plutôt le résultat de la jurisprudence (Cass. 5 mars 1828) qu'un usage particulier au pays. Si donc la jurisprudence se modifiait à cet égard, l'usage prétendu devrait se modifier avec elle.

On a voulu dire encore que l'usage exigeait que la pierre entrât seule dans la confection des clôtures; c'est une assertion dénuée de base. La vérité est que dans le pays on emploie indifféremment la pierre, la brique, même le pisé, et qu'il n'existe aucun usage coërcitif.

On comprend, du reste, que l'usage supposé ne serait rationnel et explicable qu'autant qu'il serait concurrent avec la faculté de forcer le voisin à contribuer à la clôture.

Quant aux couvertures et recouvrements des murs séparatifs, ils suivent les lois de la propriété et de la mitoyenneté; il n'existe aucun usage modificateur.

DISTANCES A OBSERVER ET PRÉCAUTIONS A PRENDRE POUR QUELQUES OUVRAGES ET CONSTRUCTIONS.

(Art. 674 du Code Napoléon.)

Certaine enquête s'est plu à énumérer les usages locaux s'appliquant aux distances, formes et assiettes des ouvrages et constructions indiqués dans l'article 674 du Code Napoléon.

La vérité est qu'à cet endroit, il n'existe dans le pays qu'un *seul usage* : celui d'appliquer la coutume de Paris, avec les commentaires et notes de Desgodet et Goupy.

Vingt-cinq ans de pratique en sens divers nous ont confirmé dans cette croyance.

C'est, du reste, à cette source que ces prétendus usages ont été puisés, et nous eussions depuis longtemps signalé le puff, si le *deus ex machinâ* n'eut borné ses innovations à ramener le vieux pied de roi au nouveau système métrique, et à mélanger un peu de ciment nouveau à la chaux de la vieille coutume.

Persistez donc à ignorer des usages qui n'existent pas, et si vous avez à construire puits, fosses d'aisances, cheminées, âtres, forges, fourneaux, à adosser étables, magasins de sel ou amas quelconque de matière corrosive, adressez-vous aux maîtres maçons, ils s'adresseront pour vous à Desgodet et Goupy, et renchériront encore sur leurs prescriptions, pour peu qu'en style consacré, on puisse vous ranger dans la catégorie des vaches ayant bon pied. Il va sans dire que l'article 674 s'applique à la campagne dans les cas de mitoyenneté et de voisinage.

RAPPORTS D'OUVRIERS A PATRONS.

Aucun atelier spéculatif, soit fabrique dont le produit a pour but le commerce extérieur, n'a pu jusqu'ici s'asseoir ou se maintenir dans le canton de Pont-de-Vaux. Nous en avons remercié la Providence.

Quant aux fabriques usuelles, c'est-à-dire de besoin journalier, d'application et de consommation locales, il est permis, malgré l'enquête dont nous avons parlé, d'aller jusqu'à nier l'existence d'aucun usage particulier au pays, s'appliquant aux patrons qui les dirigent ou aux ouvriers qu'elles emploient.

En effet, c'est l'espèce, c'est la nature de l'industrie qui permet ou entraîne la location d'ouvrage, d'une époque à une autre, au mois, à la journée, aux pièces; qui donne une forme au salaire; qui veut que certains outils soient apportés par les ouvriers, certaines fournitures faites par le maître; qui, pour une profession ou une autre, exige plus ou moins d'heures de travail; qui ne divise pas pour les uns, et qui divise pour les autres l'année en saison d'hiver et saison d'été, etc.

Toutes ces conditions de travail, variées suivant les industries auxquelles elles s'appliquent, sont à peu près les mêmes par toute la France; elles font partie de l'histoire générale de l'industrie manufacturière, histoire parachevée du reste, et leur consignation dans un exposé des usages particuliers à un pays ne serait qu'une tentative écornée, conséquemment inutile.

Ce qui rentrerait dans le but de notre travail, ce qui par nous devrait être recherché, indiqué, c'est l'usage ou la coutume locale qui, dérogeant à ce qui est partout admis, observé, placerait une industrie dans une position exceptionnelle.

Or, après de sérieuses investigations, nous sommes arrivé à ce résultat très-positif, quoique négatif au fond :

Il n'existe dans le canton et la ville de Pont-de-Vaux, relativement aux fabriques usuelles, aucun usage, aucune coutume locale, modifiant d'une manière significative les rapports ordinaires et connus d'ouvriers à patrons.

Et quoi qu'on en ait dit, il en est de même encore des contrats d'apprentissage, des causes de résiliation, des indemnités qu'elle peut entraîner; il n'existe sur toutes ces questions aucun usage particulier à la localité, dérogeant au droit commun, ou pouvant conduire à une interprétation spéciale de la loi.

USAGES MIXTES.

Les usages mixtes sont ceux qui s'appliquent indistincte-
ment à la ville et à la campagne, ceux, en un mot, qui ne
rentrent pas directement dans notre division primordiale.

Peu nombreux et peu importants, ils touchent aux étangs,
aux moulins, aux cours d'eau, aux abeilles, à l'usufruit, au
commerce.

ÉTANGS.

Maître Philibert Collet, en ses statuts de Bresse, signale
comme une particularité l'étang de Chevroux portant sur un
lit de sable. C'était, comme nous l'avons dit, le dernier de
nos étangs ou à peu près, car les huit ou dix échantillons
qui nous restent ne comportent véritablement pas ce nom.

Ils ne représentent pas ensemble la moitié de la superficie
de celui qui vient de disparaître, et même quelques-uns
d'entre eux ne sont que des réservoirs de moulins; les autres
appartiennent, évolage et assec, aux mêmes propriétaires.

On s'aperçoit de suite qu'ainsi combinés, ces étangs
liliputiens pourraient bien prolonger encore leur existence
menacée; car, d'une part, ils sont à l'abri du souffle de la
licitation, et, de l'autre, leurs propriétaires se trouvent dis-
pensés d'étudier dans Revel ou Collet les usages et coutumes
qui réglementent les évolages et assecs séparés.

Notre travail à nous se trouve simplifié d'autant, et il ne nous reste à signaler que quelques usages locaux qui touchent plutôt à la vente du poisson dans les étangs ou pour les étangs qu'au régime des étangs eux-mêmes.

Ainsi, jusqu'au XVIIIe siècle inclusivement, la vente du poisson d'étang s'est faite en gros ou en détail, c'est-à-dire en bloc ou par cent.

La vente en bloc est toujours réglée par les anciennes coutumes consignées dans les usages ou statuts de Bresse; mais à la vente au cent, on a substitué la vente au poids.

Le pesage se fait sur les lieux mêmes, au sortir du filet. S'il y a prix différent, suivant l'espèce, le pesage se fait séparément.

Les frais de pesage sont les seuls frais à la charge du vendeur.

Le cent de carpes était autrefois de cent cinquante; celui de tanches ou grand cent, de deux cents. Cette confusion de termes, évidemment due à l'astuce des marchands, a disparu avec la vente au cent du poisson en maturité, mais elle s'est maintenue ou reproduite dans la vente de la *feuille* ou poisson de semis.

Ainsi, dans la localité et les cantons voisins, la feuille s'achète et se vend au cent ou au millier.

Le cent est de cent vingt-huit, le millier de douze cent quatre-vingts.

On a tant écrit, tant fait de bruit autour et à propos des étangs, qu'on nous permettra sans doute d'émettre un humble avis, dût-il être restreint à la localité même.

Les étangs ne soulèvent chez nous aucune question d'hygiène; ils vivent et vivaient avec la prophylactique dans une paix profonde.

Au fond, c'est une propriété comme une autre, et qui de plus qu'une autre pourrait arguer de la prédilection du vieux Caton, un homme à ce connaissant.

Comme tous les déchus, les étangs ont eu leurs beaux jours, qui reviendront peut-être; en attendant, les vents sont déchaînés contre eux.

De tous les points de l'horizon une nuée d'ennemis, parmi lesquels je ne place pas même la marée et les saumons de M. Coste, est venue fondre sur eux, les assaillir jusque dans leur camp, comme Pompée à Pharsale.

Que vouliez-vous que fissent les pauvrets? qu'ils mourussent!

Chaque jour voit tomber un étang, tête et queue.

Il faut l'avouer cependant, le manifeste des griefs est d'une faiblesse insigne, les raisons sont mesquines, les motifs sont grêles.

Au moins, si, comme nous, on nourrissait contre eux une de ces rancunes de Corse, une de ces haines à cachet rouge qui, parce qu'elles sont fondées, ne peuvent s'assouvir que dans la mort et la destruction, on comprendrait cette chasse à courre d'abord, ensuite cet hallali de molosses sur la bête non forcée de franc jeu.

Mais il y avait une raison de haut titre, de sagesse supérieure, la nôtre pour tout dire, et...... ils l'ont oubliée!!!

Convenablement exposée, suffisamment développée, concentrant en un seul tous les griefs des connaisseurs et gens de goût, cette raison eût balayé comme poussière la résistance triviale, parce qu'intéressée, des propriétaires d'évolages, et servi de considérant suprême à l'arrêt de proscription.

Simple comme tout ce qui est vrai, frappante comme la

lumière, écrasante comme un fait, cette raison, en deux mots, la voici :

Les étangs doivent être séchés, asséchés, desséchés, parce que la carpe qui en sort n'est pas un poisson présentable.

MOULINS.

En général, les moulins de nos pays sont des mixtes industriels ; ils se compliquent d'une exploitation agricole qui se subordonne et descend à l'état d'accessoire.

Par suite de cet agrégat, les hommes de service relèvent des deux fonctions, et il y a lieu de distinguer avec soin l'homme voué par état à l'œuvre manufacturière, appliqué quelquefois au travail des champs, de l'homme agriculteur, accidentellement employé dans l'usine.

Le premier est un ouvrier ordinaire, louant ses services au mois ou à l'année, soumis seulement à la loi commune.

Le second, comme domestique de terre, se trouve étreint par les usages que nous avons décrits.

Les moulins n'ont pas chez nous dérogé au calendrier grégorien ; leur location, d'après l'usage, commence et finit au 1er janvier. A partir de cette époque, les payements se font de six mois en six mois, en deux termes égaux.

Habituellement, leurs baux sont réglés par écrit ; mais dans l'hypothèse, qui peut se présenter, où il n'y aurait qu'un bail verbal, à quels usages sraient-ils soumis ?

Vu leur nature plutôt manufacturière qu'agricole, nous croyons que les usages des baux à loyer devraient leur être appliqués ; principalement en ce qui concerne la durée de la location, le congé dans les six mois et la tacite réconduction.

COURS D'EAU.

On ne rencontre dans le canton que très-peu de biefs et de canaux servant à l'irrigation ; presque tous sont consacrés à l'écoulement des eaux, à l'assainissement.

Leur curage, maintes fois ordonné par les anciens intendants, même par arrêté du conseil de Sa Majesté, comme on disait alors, ne fut jamais opéré d'une manière régulière et suivie. Le défaut de justice dans la répartition des charges empêcha les règlements de s'asseoir, et ne permit à aucun usage précis de se constituer.

Avec ces règlements non suivis d'exécution, ces usages à moitié formulés, on parvint encore à éluder plus tard l'application de la loi du 14 floréal an XI.

Le décret du 25 mars 1852 ayant simplifié la matière, espérons qu'on procèdera au curage et au bon entretien de nos cours d'eau, et que, sans s'inquiéter de règlements surannés et d'usages problématiques, on répartira la contribution proportionnellement au degré d'intérêt de chacun dans les travaux à effectuer.

ABEILLES.

La culture des abeilles est régie chez nous par la loi commune ; seulement quelques spéculateurs et marchands placent chez le paysan des ruches en commande.

La société, ou si l'on veut le bail qui se forme alors, quand il n'y a pas d'écrits, suit, en tant qu'elles lui sont appli-

cables, les règles du cheptel simple, avec cette différence
essentielle que le bailleur, au cas où les ruches-mères viennent à périr en partie, supporte seul la perte, et ne peut les
prélever, lors du partage, sur les ruches communes ou de
croît.

L'usage, rendons-lui cet hommage, est plus logique et
plus équitable que la loi.

Le bail est censé fait pour le temps nécessaire à la récolte,
laquelle s'opère à la fin d'octobre.

Il y a tacite réconduction quand, après cette époque, les
ruches-mères sont restées chez le preneur.

USUFRUIT.

Il va sans dire que l'usufruitier qui jouirait par lui-même
serait tenu, pour les époques de coupes de bois taillis et
autres, d'observer les usages que nous avons décrits aux
baux à ferme.

Seulement il se présente ici une question :

Quand l'usufruit comprend des bois taillis, ce qui arrive
fréquemment dans la localité, quel est, relativement à la
coupe des baliveaux, l'usage constant des propriétaires?

Aucun usage local ne détermine précisément l'époque à
laquelle les baliveaux doivent être coupés.

Voici comment les choses se passent :

Le bois de service agricole, essieux, timons, etc., se prend
en jardinant, et en tout temps, sur les baliveaux d'âge suffi-
sant; la coupe d'ensemble des plus vieux se fait lorsqu'ils
arrivent à gêner la croissance du taillis, c'est-à-dire vers

dix-huit ou vingt-quatre ans, après la troisième ou quatrième coupe.

Tel est l'usage régulièrement suivi par tous les propriétaires du canton; une ou deux exceptions ne feraient que confirmer la règle.

On comprend que, dans les bois taillis indivis, il n'y ait pas de jardinage, et que la coupe se fasse en une seule fois.

Nous croyons donc que l'usufruitier, en se renfermant dans le cercle que nous venons de tracer, ne pourrait être inquiété; il aurait joui comme eût joui le propriétaire, et suivant l'usage constant des propriétaires.

COMMERCE.

C'est le vendeur qui paye chez nous les frais de pesage et de mesurage. Si nous mentionnons ici cet usage, conforme en tous points aux principes généraux du droit, c'est qu'on rencontre l'usage inverse dans des localités voisines, et que nous avons subi l'influence du voisinage pour la jauge des tonneaux et le commerce du merrain.

En effet, chez nous comme en face, le tonneau de vin acheté ou vendu doit jauger 216 litres, la feuillette 108.

Chez nous comme en face, le merrain se divise en beau bois, tricage et marcandise; le beau bois et le tricage pour tonneaux, la marcandise pour feuillettes.

Le merrain pour tonneaux se vend au millier, le merrain pour feuillettes se vend au cent.

Le jeu est formé de deux pièces soit de douves, soit de fonds. Le millier et le cent de merrain assortis comprennent des bois de douves et de fonds.

Le millier assorti pour tonneaux se compose de deux mille sept cent quatre-vingt-quatre pièces, qui se décomposent comme suit :

Douves, beau bois..................	1,200
Le jeu et la pièce, soit 3 p. 0/0......	36
Fonds, beau bois.................	600
Le jeu et la pièce, soit 3 p. 0/0.......	18
Douves, tricage..................	600
Deux jeux et la pièce, soit 5 pour 150.	20
Fonds, tricage :.................	300
Deux jeux et la pièce, soit 5 pour 150.	10
	2,784

Le cent assorti pour feuillettes comprend cent douves ou *duelles*, cinquante fonds, plus deux jeux de douves et une pièce de fonds; en tout cent cinquante-cinq.

ÉPILOGUE.

De 1789 à 1810, sur la voie qui conduit à l'unité, le législateur rencontra cette pierre d'achoppement qu'on appelle les Usages, et n'osa la briser. Il eut tort peut-être, car l'unité est une chose si désirable, un but si supérieur, que pour l'atteindre il faut renverser les obstacles et ne pas s'inquiéter des débris.

Voudrait-on aujourd'hui venir à la rescousse et faire disparaître cette macule de nos lois? Ce serait une noble tentative, et nous serions heureux d'avoir fourni un grain de sable au mortier de l'édifice.

Avec quelques ménagements, attermoiements et précautions, sans doute, tous les usages qui ne touchent point au travail peuvent être formulés en dispositions législatives, ramenés à l'unité. Cette tâche est à la hauteur de la première Chambre et du premier député venus. Mais il n'en est pas de même des Us du travail, des Coutumes qui touchent à l'exploitation du sol, Us et Coutumes qui s'identifient, se rapprochent ou divergent avec les terrains, les orientations, les cultures, les ustensiles, les animaux, les débouchés, les climats.

Pour réglementer et unifier cet ensemble de divergences, il faudrait une direction toute puissante qui ne craignît pas de faire ce qu'on fit autrefois pour l'unité politique, c'est-à-

dire une division nouvelle de la France au point de vue agricole ; et il faudrait surtout que cette division, procédant
comme la nature et le travail lui-même, déterminât les cir-
conscriptions par bassins et versants.

Cette division essentielle et antérieure opérée, chaque
région agricole fournirait ensuite et sans peine ses hommes
spéciaux qui, dans les lignes fixées, feraient l'analyse du
travail, constateraient ses identités, ses similitudes, ses
analogies, ses anastomoses.

Telles seraient, d'après nous, les conditions préliminaires,
la marche à suivre pour arriver à une codification utile et
durable des usages industriels ruraux ou agricoles.

Et, d'après nous encore, la voie jusque-là suivie ne mène
pas au but.

Le choix de la circonscription judiciaire, comme base
d'opération, est on ne peut plus malheureux. Les hommes
chargés des travaux préparatoires et analytiques, malgré tout
leur mérite, se classent dans les hybrides, non dans les
spéciaux.

Ce qui, en définitive, accumule et condense toutes les
probabilités, chances et présomptions pour... ne pas aboutir.

F I N.

TABLE DES MATIÈRES.